離島エコツーリズムの社会学

隠岐・西表・小笠原・南大東の日常生活から

古村 学

吉田書店

離島エコツーリズムの社会学

——隠岐・西表・小笠原・南大東の日常生活から——

目　次

注）円内の縮尺は諸島によって異なる。

序章

1　離島研究へ

離島へ行くことになったのは、ほんの偶然であった。大学院に入学した当時、わたしは東アフリカでの観光研究を志していた。しかし、現地調査のための資金があるわけでもなく、とりあえずはフィールド・ワークの練習として、日本でバイトでもしながらの住み込み調査をしようと考えたのである。比較のために、生まれ育った日本社会を見ておくことも役に立つだろうとの思いもあった。

夏休みの調査のため、いくつかの役場や観光協会などに連絡を取ったが、ことごとく断られた。貧乏学生で調査資金がないため、なんでもするから、ただで住み込みをさせてほしいと頼んだのだが、取りあってくれるところはなかったのである。そのようななか、インターネット上で隠岐諸島西ノ島のホテルが住み込みバイトを募集していることを見つけた。連絡を取り、事情を話したところ、ここころよく受け入れてくれた。このときの出会いがなければ、わたしが離島研究をすることもなく、この本が出版されることもなかったのである。

西ノ島では、早朝から昼前、夕から夜にホテルの仕事をしながら、自由になる昼の時間帯や仕事のない日に調査をさせてもらった。しかし、初めての日本での本格的な調査であること、なによりも練習という気持ちで、調査に対する覚悟が中途半端であったこともあり、どこか空回りしているようで、あまりうまくいかなかったように思える。そのためか、調査が終わったあとに論文にしようとしても、なにか違うような気がして、長いことまとめることができないでいた。

西ノ島での調査の後、東アフリカ観光研究に関する修士論文を書き上げたのだが、指導教官から東アフリカ研究をつづけるのならば、博士課程への進学はできないと言われた。東アフリカ研究では研究職につける可能性は低く、日本での観光研究ならば、まだ可能性があると判断してのことだ。その当時は、つらく感じたのだが、適切な判断であったと思う。今の職を得ることができたのも、そのときの指導教官の判断のおかげである。

その後、とある観光関連の研究会において、隠岐で調査をしてきたと話したところ、南大東島へ行かないかと話をもちかけられた。それほど乗り気ではなかったのだが、とくにすることもなくなっていたこともあり、ありがたく話を受けることにした。今から考えれば、この南大東島での調査が、その後のわたしの研究方向を決定づけたものとなった。それは生活からの視点の再発見である。

南大東島での生活は、シマの人々のおかげで、充実したものであった。多くの人々が気にかけてくれ、いろいろな場に参加させてもらった。シマの一員として受け入れられたように感じられたのである。もちろん一時的な滞在者であるわたしが、ほんとうに受け入れられるわけはないのだが、そう感じられた。もちろん、つらいことや苦しいこともあるのだが、調査をしているというよりも、そこで生活をしていると思えたのである。そのぶん、今日も遊んでばかりで、なにをしているのだろうと思うこともあったのだが。

もちろん、南大東島に比べて西ノ島の人々が冷たかったわけではない。多くの人々が気にかけてくれ、どこまで本気だったのかはわからないが、役場の方から観光関係の非常勤の仕事をしないかと誘われたこともある。自分の心のもちようであったのだ。西ノ島では、あまりに観光にこだわり、観光に関わるものばかりを見て、あがいていたことが、今となってみればわかる。生活のなかから観光を見ることは、頭ではわかっていたのだが、うまくできなかった。その場での生活を楽しんで初めて、生活から見る視点も得ることができるのであろう。

また南大東島での滞在がなければ、本書のテーマであるエコツーリズムを研究しなかったかもしれない。もちろん観光を研究するなかで、エコツーリズムということばおよびその意味を知ってはいたが、あえてというわけではなかった。調査当時に南大東島ではエコツーリズムによる町づくりが行なわれ始めていた。エコツーリズムの現場との出会いである。

西ノ島、南大東島での調査を終え、しばらくは無為に過ごしていたが、小笠原に行かないかと話をもちかけられた。離島でエコツーリズムが行なわれていることですすめられたのだ。小笠原諸島父島は、西ノ島とも南大東島とも、まったく異なっていた。そのため、ひどく調査しづらい場所に思えた。

個人個人がバラバラで、南大東島のようなシマ共同体といったものが存在せず、全体性がひどく見えにくかったのである。詳しくは第5章で見るが、父島の社会は都会的であることが、その原因である。少なくとも調査開始時には、父島には父島の生活があることの意味に気づけないでいたのである。

父島調査の後、西表島に行くことになるのだが、初めて自発的に選んだ場所であった。そのころ、たまたまであるが、所属する大阪大学の大学院GPで大学院生へのフィールド・ワークのための競争的資金が出ることになったのである。エコツーリズム研究が多くなされている離島ということで西表島での研究計画を出したところ、採択された。それ以上の目論見があったわけでもなかった。西表島は広く、いくつもの集落があり、シマというものが見えなかった。集落にもよるが、日常生活は集落単位が基本であった。これまで見てきたシマでは全体として、なにかシマをまとめるものがあったのだが、それを西表島からは見ることができなかったのである。

本書では、これら四島をあつかうが、見てきたように、偶然に行くことができた離島である。また、エコツーリズムを研究したのも偶然であった。初めに目論見があったわけではなく、ふと気づくと数が集まり、離島におけるエコツーリズム研究をしていたというわけだ。しかし、それぞれに意味があったと、後づけながら考えることもできる。本書をとおして、そのことを見ていきたい。

2　離島のイメージと現実

2－1　僻地と楽園

都会に住む人々にとって、離島には二つのイメージがある。一つは、交通が不便で、物資も不足しがち、医療も不十分だといった生活が不便な「僻地」のイメージであり、もう一つは、「自然」にあふれ、「素朴」な人々が暮らし、「ゆっくり」と時間が流れる「楽園」のイメージである。この二つのイメージは、離島のマイナス面とプラス面を表しているといえるだろう。

離島は、都会などの中心部から海を隔てて離れている点に特徴がある。同じく「僻地」である中山間地域との最大の違いは、自動車では行けないということにある。モータリゼーションの進んだ現在日本では、このことの意味は大きい。そのため、工業などの産業開発などは制限されてきた。とくに外海の遠隔地に位置する離島では、その傾向が強く現れる。いっぽうで、開発圧を逃れた結果として、自然が多く残されることとなった。この交通が不便であり、開発もされていない現実が「僻地」としてのマイナスイメージを形成し、結果としての自然の多さが「楽園」としてのプラスのイメージを形成している。

「楽園」のイメージから、離島にあこがれる人は少なくない。離島へ旅行をする人々、リピーターとなり何度も通う人々、長期滞在する人々、さらには移住する人々もいる。これらの人々は、「楽園」を求めて離島へと向かう。「楽園」としての魅力を伝えるガイドブックが多く出版され、テレビなどのメディアで伝えられることも多く、そのイメージは広く拡散している。さらに、離島にあこがれる人にとっては、交通も生活も不便である「僻地」ということさえも魅力となる。不便だからこそ、離島へ行ってみたい、離島で暮らしてみたいという人が少なくない。便利な都会に住むからこそ感じる、不便な場所へのあこがれである。

自分の住む都会では、交通インフラなどのライフラインが整備されており、生活に困ることはない。町にはモノがあふれ、お金さえあれば、物質的な面で不便を感じることは少ない。しかし便利になった反面で、周りからは「自然」は失われ、人々の「素朴さ」も、「ゆっくり」とした時間の流れも失われてしまった。不便であるから、いや、不便であるからこそ、離島には「自然」も、人々の「素朴さ」も、「ゆっくり」した時間の流れも生き残っている。それは、「文明」以前で時間が止まった場所としての表象であり、よくある、「文明」と「自然」を対比させるイメージ像である。都会の人々の離島へのあこがれは、このステレオタイプな「文明」と「自然」の対比からくる、非文明へのあこがれであると見ることができる。

このあこがれの背景には、エドワード・E・サイードによるオリエンタリズムの問題とよく似たものがある。離島は、自分たちの住む世界とは違った「異世界」として、自分たちではない「他者」として、一方的に表象されているのである（Said, 1978＝一九九三）。「僻地」のイメージにしても、同様に「異世界」や「他者」として表象される。発展しておらず生活が不便な、かわいそうな離島、さらには救済の対象としての離島として、わたしたちとは異なるものとして見られるのである。

とくに観光の現場は、「異文化」や「他者性」として表象された「楽園」のイメージが、離島の特性として部分的に切り取られ、提示される。そこで離島は、グローバルに広がり、変化しつづける現代社会から切り離され、それとは無関係に存在するローカルに閉じた空間、時間の止まった空間としてとらえられることになる。また学術研究の領域でも民俗学などでは、離島を外部からの影響が少ない、ある種の閉鎖した社会系や生活系としてとらえ、伝統の変容が少ない無時間の空間としてとらえてきた傾向がある。

もちろん、こうした研究をとおして、離島の伝統文化や社会が注目され、保存されてきたのであり、その意義は否定すべくもない。また、この「異文化」として見る「楽園」のイメージが観光開発に役立ってきたことはたしかであり、伝統文化研究の成果が観光などの産業として役立てられてきたことも無視できない。しかしながら、「他者」として表象する視点、伝統や生活を無時間の閉鎖系としてとらえる視点は、離島社会に過剰な意味づけを与えることにほかならない。その結果として、現在、離島において生起している現実は切り捨てられ、そこで生きる人々のすがたは見おとされてしまうのである。

2-2 グローバリゼーションのなかの離島

離島に住む人々からしてみれば、当然のことながら、離島は「異世界」でもなく、「他者性」を帯びているわけでもない。テレビなどのメディア、インターネット、消費文化の浸透、ときには島外への移動によって、日常的にグローバルな世界と接触している。離島、とくに外界の遠隔地にある離島は、地理的条件からいえば「辺境」であり、その地理的に不利な条件から、日本で最も「周縁」な社会であるともいえるだろう。だからといって、閉じこめられた時間の止まった空間ではなく、都会の社会と変わることなく、グローバリゼーションの影響を受けている社会なのである。

離島が受けるグローバリゼーションの影響には多様なものがあるが、観光はその一つのものとしてある。詳しくは第1章で見るが、観光現象は一九世紀のイギリスに局地的に発生したものであり、それがいまや、全世界を巻き込み進行しているグローバルな現象となっている。このことは、日本で最も「辺境」かつ「周縁」に位置する離島も例外ではなく、観光対象地域として人々が移動しているのである。

離島の人々にとって観光は、生活するための手段、さらには離島社会が生きのこるための手段としても考えることができる。離島を含めた地方社会に対する日本政府の方針は、一九九八年の「二一世紀の国土のグランドデザイン」（以下「五全総」）によって、大きく変化した。それまでの福祉国家型の保護政策から、新自由主義に基づき、「自由」を与えられるとともに、「自立」を求められることになったのである。この点については第2章で詳しく見るが、離島はその地理的条件から、なんらかの産業を発展させることが困難であることは過去も現在も変わらない。その状況下、唯一といってもよい選択肢として観光開発に頼らざるをえない状況にある離島は多い。観光産業であれば、離島でも成立する可能性があるからである。とくに残された「自然」を生かした自然観光やエコツーリズムは重要な選択肢となっている。つづく第3節で概観するが、このエコツーリズムなどの新たな観光による地域振興は、日本のみならず世界的に重視されており、世界的な潮流である。この点でも、地域社会にとっての観光はグローバルな現象なのである。

本書の主題でもあるエコツーリズムは、二重の意味でグローバルな現象である。第一に、すでに見たように観光であること。観光行動にしても、エコツーリズムなどによる地域振興にしても、世界中に広がっているグローバルな現象である。第二に、エコツーリズムを支える自然に対する価値観、自然保護思想も、同様に近代欧米に起源をもつものであり、グローバルな思想として広がっていったものとしてである。自然保護思想は、もともとは人類に普遍的なものではなく、近代欧米というローカルな場所に起源をもち、それがグローバルに広がっていったものである。それが、今では非難することさえ困難であるほどに強力なものとなっている。

この二重の意味でグローバルなエコツーリズムが、日本で最も「周縁」であり、ある意味では最も「ローカル」な場所である離島において生起している。単純に考えるならば、離島では自然との距離が近く、日常生活における自然との接触の機会も多いため、グローバルな自然観とは異なる独自のローカルな自然観が構成されていると考えられる。と同時に、離島であってもグローバルな自然観の影響を受けないこと、無関係であることは考えられない。

そのため、エコツーリズム実践が行なわれている離島では、日常生活に基づくローカルな自然観と、エコツーリズムを支えるグローバルな自然観とのあいだに、対立、合致、葛藤、相互作用などが現れていると考えられる。それは、一様なものではなく、それぞれの離島の条件によって、多様なものとしてある。この多様な現れ方からグローバルなエコツーリズムの意味を再考することが本書の目的である。つづく第3節では、この目的のために、どのような手法をとるかを考えてみたい。

3 日常生活からエコツーリズムを見る

3-1 「ふつうの人々」への注目

エコツーリズムは、ただ自然を保護するだけでなく、地域社会への貢献を重視した観光である。詳しくは第1章で見るが、マス・ツーリズムなどの既存の観光は、地元社会にはプラスの面よりもマイナス面のほうが多いものとして批判されてきた。それを乗りこえる望ましい観光のひとつとして出てきたものがエコツーリズムである。そこでは、「住民参加」などによる地域社会への貢献が強調されてきた。現在、国連や世界銀行などにより途上国の経済開発のため推進されており、世界的な流れになっている（Honey, 2008）。この世界的な流れに従って、日本でもエコツーリズム開発が重視されているのである。

観光人類学者アマンダ・ストロンザは、マス・ツーリズムを中心とした既存観光の人類学者による研究では、「地元住民のことば」が聞こえてこないと指摘している。地元住民が当該地域の観光をどのように考えているのか、なぜ観光産業に参入し、あるいは参入しないのかが研究されてこなかったというのだ。ストロンザは、この背景として、人類学者は観光に批判的であり、観光が不平等な関係性のなかでホストに強要されていると考える傾向があることを指摘する（Stronza, 2001）。観光における不平等性に関しては、第1章で詳しく見るが、この不平等な構造にこだわるあまり、人類学者は観光の現場を見ることができないでいるとの指摘である。

そのいっぽうでストロンザは、エコツーリズムにおいて観光研究者たちは、その取り組みを称賛し、「住民参加」を強調しているとしている。しかし、「成功に達するためのガイドラインと『最良の実践』」や「エコツーリズム計画を発展させるための『戦略』と『パラメータ』」ばかりが論じられており、結局は、マス・ツーリズム研究と同様に「地元住民のことば」は聞こえてこないとしている（Stronza, 2001: 275）。この指摘は、欧米の研究へ向けたものだが、同様のことは日本の研究でも見られる。住民参加としていながら、具体的な住民のすがたは見えてこないのである。

たしかに「最良の実践」などにおいて、「地元住民のことば」のようなものが示されることはある。しかし、それはエコツーリズムを推進する地元住民によるものであるなど、研究者によって選び取られた「最良の実践」であることを証明するためのものでしかない。極端なことをいえば、役場や観光協会に行けば、このことばを容易に聞くことができる。もっとも、同様のことは観光に批判的な文献にも見られ、そこでは批判的なことばが選び取られているにすぎないのである。そのため、同様に住民のすがたは見えない。

さらに問題となるのは、地元住民とは誰なのかということである。現地でエコツーリズムについての聞き取り調査をしていると、首尾一貫した明確な主張をする人は少ない。そのような発言をする人は、役場の担当者やエコツーリズム関連機関の人などかぎられた人々である。自分に直接関わりが深いことならまだしも、多くの人からは「なんとなく」とか「よくわからない」といったあいまいな返事や、一般論としての返事を聞くことが多い。

ストロンザの意図とは離れるかもしれないが、これらのことばこそが「地元住民のことば」なのではないだろうか。公的な見解を話すわけでもなく、首尾一貫した明確な主張をするわけでもなく、どちらかといえばあいまいで感覚的なものが「地元住民のことば」としてある。このことばを話す人々が、離島に暮らす「ふつうの人々」なのである。

本書では、この「ふつうの人々」のことばや態度をとおして、離島社会におけるエコツーリズムを見ていきたい。もちろん、そのことばや態度の意味は希薄であるので、解釈が必要になる。解釈の仕方にもよるだろうが、地元住民たちのすがた、離島のリアルなすがたが見えることもあると思えるのだ。その解釈の際に参考にしたいのが生活環境主義の立場である。

3－2　生活環境主義の立場

「生活環境主義」とは、一九八〇年代に環境社会学者である鳥越皓之や嘉田由紀子たちにより提唱された立場である。鳥越によれば、従来の自然保護には二つの立場がある。一つは「近代技術主義」

であり、科学技術によって人が介入することにより自然を守ろうとする立場である。科学技術の有効性を信じるものであり、自然工学などの研究者の立場といえる。もう一つは「自然環境主義」であり、人の手が加わらない原生自然が望ましいとする立場である。そのため、人間の自然への介入を制限することにより、自然を保護しようとする。これは近代欧米のエコロジー思想に基づくものであり、生態学者による自然のとらえ方といえよう（鳥越、一九九七）。

この二つの考え方は近代欧米に起源をもつ客観的な科学知識に基づいたものであり、当該地域の人々とは無関係に成り立つものである。それに対して、客観的立場を離れ、「当該社会に居住する人びとの生活の立場」に立つものとして「生活環境主義」が提唱された（鳥越、一九九七、一一頁）。それは、そこに暮らしている人々の日常生活に注目し、そこで生み出された伝統的な生活知によって自然を守る立場といえる。この場合の自然は、人間を排した自然ではなく、人々の生活をも含んだ自然、人々と関わりのある自然ということになる。

生活環境主義は「生活の立場」に立つとあるが、それは「居住者の立場」とは一致しないこともあると鳥越はいう。居住者が「生活環境」を破壊しているときには、「生活の立場」から居住者である住民を批判することもあるというのである（鳥越、一九九七）。伝統的なムラ社会では、ムラの人々に共通した意識がある。これは、同じムラのなかで生活するなかで培われるものであり、有賀喜左衛門のいう「生活意識」や鈴木栄太郎のいう「自然村の精神」に近いものである。ムラの共通意識に基づく生活環境を守るための立場が、鳥越のいう「生活の立場」といえる。

もっとも鳥越も認めているように、環境破壊の点では、生活環境主義者のなかでも多少ニュアンスが異なっている。たとえば人類学者の松田素二は、「当該地域に生活する居住者の立場を第一義に考えるので、『生活の必要』に応じていわゆる自然環境を『破壊』することを拒否しない」（松田、二〇〇九、一五〇頁）としている。外部から見れば自然破壊とみなされる行為をしたとしても、それが居住者の選択であれば非難することはないというのである。ただ「いわゆる」とあるように、外部の視点である「自然環境主義」から見れば自然破壊であるが、居住者から見れば生活環境を守るための行為になる。それは、生活のなかから出てきた論理によって、自分たちの生活を守ることなのである。

また嘉田は、「近代技術が要素としてとりこまれることもあるだろうし、あるいは、自然への配慮がとりこまれることもあるだろう」（嘉田、二〇〇二、三〇頁）としている。なにも生活のなかから出てきた知恵にこだわることなく、生活のなかの必要に応じて、「近代技術主義」や「自然環境主義」の科学知識を自分たちのものとして採りいれていく、そんな当たり前の生活のすがたを重視する姿勢である。

生活環境主義の方法論であるが、ことばや行為そのものを重視するのではなく、「その行動の根源にある経験にまで降りたって、そこを拠点として分析しなければならない」とし、経験論が重要だと鳥越はしている（鳥越、一九九七、二二頁）。人のことばや行為は、必然があって選ばれたのではなく、そのときの必要に応じて、たまたま選ばれたにすぎない。条件がかわれば、別の選択をしたかもしれない。ことばや行為をそのまま受け取っても、真実はわからないのである。

そのために、生活環境主義の調査法は、生活全体をとらえる包括的なアプローチがとられる。たとえば本書の離島におけるエコツーリズムを調べる場合であるが、エコツーリズムにだけ注目するのではなく、いっけん無関係に思える離島でのさまざまな生活も含めて見ていく必要があるということである。この点について環境社会学者の古川彰は、「生活のなかに埋め込まれた知識や制度・価値は、包括的なアプローチによってしか浮き彫りにされない」としている（古川、二〇〇四、三七頁）。もっとも、古川も指摘しているように、これは人類学や村落社会学が伝統的に行なってきた手法である。

この生活環境主義の立場は、「ふつうの人々」のことばを解釈するのに有効である。あいまいなことばの意味は、離島の生活の全体像のなかにおくことで、初めて意味を理解できるものとなるからである。また、それぞれの離島ごとに、人々が同じ生活空間や生活時間を共有するなかで作り出す共通意識、「シマの精神」とでもいったものがある。それは明示できるものではないが、人々のことばや行動の意味を理解するのに有効であろう。本書では、生活環境主義の立場を参考に、離島の日常生活からエコツーリズムを見ていきたい。

4　日常生活の視点へ――本書の構成

本書の目的は、最もローカルな場としての離島から、グローバルな現象としてのエコツーリズムを読み直すことにある。エコツーリズムを支えるグローバルな自然観は、「自然環境主義」に基づく自然保護と同じ価値観である。それとは異なる離島ごとのローカルな自然観、この二つの関係性に注目していく。そのうえで、それぞれの離島ごとに、そこで生活する人々にとってのエコツーリズムの意味を考えたい。対象となる離島は、あつかわれる順番に、島根県隠岐諸島西ノ島、沖縄県八重山諸島西表島、東京都小笠原諸島父島、沖縄県大東諸島南大東島の四島である。

離島ごとの自然観は、「ふつうの人々」の日常生活のなかでの自然との関わりのなかで培われていく。過去からつづく歴史的条件、現在の社会的条件、そのなかでの人々の生活、このようなものを生活環境主義の立場を参考に見ていく。そこから、その離島の社会と人々のリアルなすがたを少しでも描き出していけたらと考えている。この離島ごとのすがたから、グローバルなエコツーリズムの意味を考えていきたい。

本書の構成は、第1章で観光研究をレビューし、第2章で離島社会の全体像を見ていく。この二つの章は、マクロな視点から観光研究と離島社会の現状を明らかにするものである。そのうえで、第3章から第6章にかけて、それぞれの離島ごとのエコツーリズムなど観光の現状と、島の人々にとっての意味を考察していく。終章では、四つの離島の比較をとおして、ローカルな場から見たグローバルな現象の意味を考える。

第1章「現代社会と観光」は、この序章で見てきた本書の目的を既存の研究のなかに位置づけるものである。第一に、本書と専門分野を同じくする社会学や人類学の研究を中心に観光研究の変遷を概観する。そのうえで、観光のなかでも日本のエコツーリズムに焦点をしぼり、研究の動向を追っていく。それにより既存研究の成果と限界を確認し、本書の方向性を示すのが第1章の目的である。

日本におけるエコツーリズム研究は、大きく二つの潮流をもっている。一つは先に見たストロンザが示したエコツーリズム研究であり、エコツーリズムの成功例の報告や、よりよい実践のための提言を行なう政策・実践的研究である。もう一つの流れとして、人類学者によるホスト社会からエコツーリズムを批判的に見ようとする研究がある。これらの研究は現地社会を対象としているが、どちらの研究においても、すでに指摘したように現地社会のすがたを見ていない傾向が強い。その問題を乗りこえるための方向性として、人類学の批判的精神を受けつぎつつ、現地社会の生活からエコツーリズムを見る視点を示す。

第2章「離島社会と観光」では、統計データおよび既存の離島研究の成果から、離島社会と離島観光を中心として全体として見た離島のすがたを概観する。マクロな離島の全体像を示しておくことにより、つづく事例研究の章における四つの離島の多様性および特殊性の理解につなげることも目的としている。現在、多くの「僻地」は過疎化、高齢化、産業不振など困難な状況に直面している。とくに離島では、「隔絶性」と「狭小性」の特徴から、この傾向がより強く現れる。「隔絶性」とは中心都市から距離的に離れていること、とくに海を隔てて離れていることである。そのために発展が阻害され、さらに面積の問題からも社会規模が小さなものになっていることが「狭小性」である。さらに残された自然を利用した観光に頼らざるをえないが、低迷をつづけているのが現状としてある。

これら離島の全体像を見たうえで、離島を分類するためのタイポロジーを示す。このタイポロジーは、離島の特徴を表す「隔絶性」と「狭小性」から指標「離島性」を構成し、本書のテーマに関わるもう一つの指標「観光依存度」とクロスさせることにより、四つに分類するものである。たまたま研究することになった四つの離島であるが、このタイポロジーにより、それぞれの離島を特徴づけておく。

ここからは事例編であり、第3章「離島観光の系譜」では隠岐諸島西ノ島を事例として、離島観光の変遷、および離島側の対応を追うことによって、西ノ島にとっての観光の意味を明らかにする。本書のなかでの西ノ島の位置づけは、ある意味で典型的な離島としてある。西ノ島は過疎化と高齢化、産業不振に悩んでいる。このすがたは、第2章のマクロな視点から見る離島のすがたと重なる。ほかの三島では、過疎化、高齢化は深刻なものではなく、その点で典型的といえる。なお、西ノ島ではエコツーリズムによる観光開発が行なわれていなかったため、生活のなかでの観光の意味と、その変化を中心に見ていく。

一九六〇年代の国立公園指定、一九七〇年代の離島ブームを受けて、西ノ島の人々の多くは民宿などの観光産業に参入していった。それは、貧しい離島での生活を豊かにする選択肢としてあった。現在、高齢化ゆえに民宿の数は激減し、それに合わせるかのように観光客も減少している。行政機関としては観光開発による経済振興を行ないたいが、高齢化のなか多くの島の人々にとって観光産業は不必要になっていったのである。この島の人々の生活における必要性という点から、観光の意味の変化を見ていく。

つづく三つの章では、日常生活のなかにおける自然との関わり、そこから生まれる自然観からエコツーリズムの意味を見ていく。第4章「エコツーリズムと自然保護」では、エコツーリズムの先進地域、成功地として知られる西表島を事例とする。この章では、島内で活発に行なわれてきたイリオモテヤマネコをはじめとした自然保護との関わりから、島の人々の自然観を見ることを目的としている。西表島のエコツーリズムは、二つの方向性をもっている。一つは、西表観光を支えるカヌー・ツアーであり、もう一つは、西表島の伝統文化と結びつく自然をもとにしたものである。一つめのカヌー・ツアーは自然を破壊するものとして、研究者や島の人々から非難されることもある。ただ多くの島の人々から感じるのは、エコツーリズムを自分たちとは関わりのないものと見る「距離感」である。この「距離感」の意味を、生活を制限するものとしての自然保護との関わりから考えていく。

第5章「エコツーリズムと都会意識」では、日本のエコツーリズム発祥の地とされ、調査時には東京都版エコツーリズムが推進されていた小笠原諸島父島を事例として見ていく。小笠原社会の最大の特徴は、一九六八年まで米軍に統治され、一部の島の人しか帰島が認められなかったことにある。現在の小笠原社会は、このときから始まったと考えることもできるのである。この事情もあり、島で生まれ育った人よりも、都会からの移住者や、国や都の任期付きの公務員のほうが圧倒的に多くなっている。都会出身の人が多いため、「都会的」な社会を形成しているのである。

また、日常生活のなかでの自然との関わりは制度的に限定的であり、観光客と同様のレジャーとしてのものとなっている。都会の人が観光客と同様の自然との関わりをもっているために、その自然観も「都会的」といってよい。そのため、自然保護やエコツーリズムに対して親和的であり、表面的な葛藤は少ない。しかし、自然保護やエコツーリズムのもつ科学的な自然観は、レジャーとしての自然観とは、かならずしも一致しない点も見る必要があることを示す。

第6章「エコツーリズムと日常生活」では、南大東島を事例として、住民参加型の「理想的」エコツーリズム計画のプロセスおよび計画に対する住民の対応を見ていく。南大東島は無人島を開拓したサトウキビの島である。現在でも製糖産業が島全体の産業となっており、観光産業はほとんど発展していない。

この島で、計画的な住民参加型エコツーリズムが導入されたのだが、住民たちが示すのはノン・コミットメントの立場である。非難するわけではないが、関わろうとしないのである。この背景にあるのは島民にとっての自然とは、よりよい生活をするために改変していくものであるという自然観である。そこでは、開発のための「いわゆる自然破壊」も、生活改善のための自然を守るための行為も同じものとしてある。それは、自然自体が貴重だとして保護するグローバルな自然保護やエコツーリズムとは、根本的に異なっているのである。

最後となる「終章」では、これら四島で見てきた自然との関わりおよび自然観、そこから生まれる自然保護やエコツーリズムに対する態度、これらの多様性を比較検討することにより、ローカルな離島の現場におけるエコツーリズムの意味に対する考察を深める。そのうえで、グローバルなエコツーリズムの現代社会における意味を考えていきたい。

第1章　現代社会と観光

1　グローバル化する観光とローカルな現場

現在、世界中で観光が重要な産業となっている。「観光は二一世紀の基幹産業」といったことばが、くりかえし観光関連の行政文書や文献のなかで使われ、観光の重要性が主張されてきた。観光は、宿泊業や飲食業などの直接的な経済利益や雇用だけでなく、波及効果として間接的な経済利益や雇用も生み出し、その経済規模は膨大なものであり、地域社会の活性化に貢献するというのが、その中心的主張である。また、経済的側面にとどまらず、ホストとゲストの交流による相互理解の促進や、ホスト社会における地域への「誇り」や「生きがい」の創出などの面で、観光の意義が評価されることも多い。

観光が重要な産業であるとする認識は世界的に広く認められており、途上国であれ先進国であれ、多くの国家は観光行政に力を入れ、国連や世界銀行といった国際機関においても観光産業は重要な課題となっている（Honey, 2008）。

諸外国に比べて立ち遅れているといわれていた日本の観光行政も、近年になって、進展を見せている。二〇〇三年四月からは「ビジット・ジャパン・キャンペーン」が開始され、日本人海外渡航者に比べて少ない訪日外国人を増やすことが目指されるようになった。また、実効性が薄いといわれていた一九六三年制定の「観光基本法」が改正され、二〇〇六年一二月に「観光立国推進基本法」が発令された。さらに、これまでは個別の部署が対応していた観光行政を総合的にあつかう「観光庁」が、国土交通省の外局として二〇〇八年一〇月に設立されている。

地方自治体のレベルでも、「観光立県」や「観光立市」を宣言する都道府県や市町村は数多く、まったく観光開発に言及していない市町村を探すほうがむずかしい。とくに、離島や山間部などの「僻地」の地方自治体では、都市部に比べ、観光産業に頼る傾向が強く見られる。「僻地」では、製造業などの産業開発が困難であり、残された豊かな自然を資源とした観光以外の産業への選択肢が少ないからである。観光開発を行なう地域が増加し、競争が激化しつづけるなか、成功する地域は一握りであるにもかかわらず、第一次産業の衰退、過疎高齢化、危機的な財政状況、これらに苦しむ「僻地」では、「地域おこし」のための観光開発はますます重要となりつつある。

観光は、国際レベル、国家レベル、地方レベルにおいて経済的に重要なものとなっているが、また、現代社会を理解するうえでも重要な現象でもある。たしかに、宗教的な「巡礼」やヨーロッパのグランドツアーなど、近代以前にも世界各地において、観光に類似した旅行が存在していた。観光民俗学者である神崎宣武は、江戸時代における「巡礼」には、宗教的施設を参拝するための純粋な「巡礼」としての位置づけにとどまらず、物見遊山的な側面が多く見られ、現代観光につながる点があったことを指摘している（神崎、一九九一）。しかし、規模の大きさと大衆性の高さ、グローバルな移動範囲の広さといった特徴から見れば、近現代における観光現象は、それ以前の「巡礼」などとは一線を画した、ひじょうに近代的な現象であると考えられる。

現代文明論の視点から観光をとりあげた社会学者ジョン・アーリーは、「大衆観光は現代社会に特徴的な現象だ」としている。産業革命による就業形態の変化、鉄道の発達による移動形態の変化により、多くの人々が参加可能な大衆観光は誕生した。この大衆観光は、「人々の社会体験を変えたことで初めて発展しえた」のである（Urry, 1990＝一九九五、一四二頁）。アーリーが指摘しているのは、現在世界中で広範に見られる観光現象は、どこにでも見られる普遍的な現象ではなく、一九世紀のイギリスを起源として発生したものであり、現代の観光が近代西洋社会の考え方、行動、「まなざし」を反映したものであるということである。

この発生以降、観光現象は先進国を中心に広がっていった。現在、先進国において観光は、誰もが、気軽に行ける、大衆的なレジャーとなっている。また、途上国においても、よほどの貧困層でないかぎり、いまや観光に出かけることは、むずかしいことではない。さらに「観光地」とよばれる対象地域は、世界中に広がっている。現在では、政情の不安定な北朝鮮や、人の居住する場所でない南極までが観光の対象地域となっており、世界中で観光対象地域でないところを見つけることのほうがむずかしい。観光現象は、社会体制の違いや経済格差などさまざまなファクターで区分される国際社会を、それらの差異を無化しながら、または利用しながら世界中を結びつけ、巻き込んでいくグローバリゼーションの象徴的な現象となっているのである。

現代社会におけるグローバリゼーションの急速な進展は、多くの研究者が指摘しているところである（Robertson, 1992＝一九九七、Tomlinson, 1999＝二〇〇〇など）。グローバリゼーションの一般的規定のなかで強調されているのは、人、モノ、金、情報などが国境を越えて移動し、その結果として、世界中で社会システムや文化が標準化・画一化していく点である。しかしながら、ここで注意しておきたいのは、それは社会システムや文化がたんに無機質なものとして一元化されるのではなく、あくまでも中央のシステムや文化が世界中に広がっていく点である。つまり、システムの標準化・画一化は、アメリカを中心とした先進国から世界中へ、東京を中心とした都市部から日本中へと広がっているのであり、その逆ではない。近代欧米から生じた局地的な観光への欲望は、いまや世界中に広がり、普遍的なものと考えられるまでになっているのである。

もちろん、観光への欲望や観光そのものがグローバリゼーションを強力に推し進めているわけではない。ここで注目したいのは、観光が現代社会におけるグローバリゼーションを最もよく体現している現象のひとつであることである。観光によって、国から国へ、地域から地域へと人をはじめとしてあらゆるものが移動する。先進国から途上国へだけでなく、先進国から先進国へ、途上国から先進国へ、途上国から途上国へ、人も資本も情報も錯綜して流れていく。都市と地方の関係でも同様であり、その意味では観光をとおして、先進国と途上国、都市と地方はさまざまなレベルで結びついている。しかし、観光というシステムやその基盤となる思考様式は、ここでもやはり中心部から周縁世界へと広がっているのである。

グローバリゼーションを体現する現象は、ジョージ・リッツアの指摘する「マクドナリゼーション」をはじめとして、観光以外にも多くのものがある[1]（Ritzer, 1996＝一九九九）。しかし、観光に注目することで焦点化されるのは、以下の点であろう。観光現象においては、ローカルな場、とくに中心部から離れたローカルな場が、人々を引きつける「資源」として重要な要素となる。いっぽうでローカルな場に作用するシステムや、そこへの「まなざし」の向けられ方はグローバルに決定される。つまり観光というグローバルな現象が、対象地域であるローカルな場で生起している点に特徴がある。その際、ローカルな場は、グローバリゼーションによって中心から放射された「まなざし」の客体でありつつ、その現象が具体化する場所、つまり、グローバリゼーションの現場そのものなのである。

本書では、グローバルな観光現象をとおして、ローカルな場を見ること、さらには、ローカルな場から、グローバルな観光現象を読み直すことを目的としている。先進国や都会で作られた観光現象が、中心部から離れたローカルな地域で、どのように現れているのか、さらに、ローカルな場から観光を読み直すことによって、観光とはどのような現象だと理解できるのかということである。このわたしの目的に対して、これまでの観光研究では何がなされてきたのかを、本書と関係の深い社会学および人類学の研究を中心に以下に見ていく。

2 観光研究が問題としてきたもの

2―1 「現代社会の鏡としての観光」研究

社会学においては、観光をとおして現代社会を読み解こうとする、もしくは、現代社会における観光経験のあり方の変容を分析する視点が中心となってきた。その代表的なものに、ダニエル・J・ブーアスティンの「擬似イベント」論、観光社会学者ディーン・マッカネルの「真正性」の議論、アーリーの「まなざし」論がある。これらの研究が、のちの観光社会学研究に与えた影響は大きい。

ブーアスティンは、現代(アメリカ)社会では、経験すること、読むもの、見るもの、聞くものの大半は、「擬似イベント pseudo-events」になってしまったとしている。わたしたちが体験し見聞きすることの多くは、誰かが作った、メディアで流されることを目的とした、現実であるかどうかわからない、自己実現的な「擬似イベント」であるというのである(Boorstin, 1962＝一九六四、一七―二〇頁)。それは、わたしたちの経験のあり方そのものが変化してしてしまったことを意味する。この文脈から、現在のマス・ツーリズムの広がりを「旅行者の没落、観光客の台頭」としている。現在の観光は、過去の旅行とは異なり、あらかじめ快適な商品として用意された「擬似イベント」を経験しているにすぎない。そこでは、新しいものを発見するわけではなく、あらかじめ与えられたものを確認するのみで、経験は希薄化されている。当然、考え方や感じ方には、わずかな変化しか生じないというのだ

（Boorstin, 1962＝一九六四、八九－一二八頁）。ブーアスティンは、観光をひとつの例として、「擬似イベント」ばかりになってしまった現代の大衆消費社会を批判するのである。

ブーアスティンの観光は「擬似イベント」とする見方に対し、マッカネルは、ツーリストが求めているのは「擬似イベント」ではなく、「真正性 authenticity」であると批判する。マッカネルによれば、現代西洋社会は「差異化 differentiation」によって特徴づけられ、人々は断片化され、疎外された状態にある。この社会のなかで、人々は日常的に何らかの「真正性」を感じること、つまり自分の体験が本物だと感じることはむずかしい。しかし、人は本物の体験を求めるものであり、その希求が人々を観光へと導くのである。それは現代の巡礼であり、過去の巡礼と異なるのは「真正性」の対象が数多くあることであるとマッカネルはいう（MacCannell, [1976] 1999＝二〇一二）。

これらの議論に対して、アーリーはミシェル・フーコーの「まなざし regard/gaze」論を参照し、「まなざし」を向けるという点から観光を考察する。フーコーのいう「まなざし」とは、その時代の社会制度によって作られ、正当化されたものである（Foucault, 1963＝一九六九）。したがって、観光における「まなざし」も時代の制約を受ける。さらに、アーリーは、観光の「まなざし」が向けられる対象は、日常のものではなく、非日常のものであることが観光の本質であるとしている。「〈本物〉の探求が観光の形成の根底にあるというような議論は正しくないように思われる。むしろ、鍵になる点は、住居・労働の平常の場と、観光のまなざしの対象に違いがあるということではないだろうか」（Urry, 1990＝一九九五、二〇頁）といい、観光とは日常と非日常の二項対立から生まれるものであり、マッカネルがいうような「真正性」の探求は観光の本質ではないとする。それを「まなざし」の対象として探求するとしても、それは本物であるために探求されるのではなく、日常のものとは対照的だからこそ探求されただけなのである。そのうえで、何を「非日常」とみなし「まなざし」を向けるかが、観光を歴史的に変化させ、さまざまな観光の形態を生んでいるとアーリーは論じている（Urry, 1990＝一九九五）。

社会学における研究は、現代の欧米社会が生み出した観光現象を考察するうえで、重要な分析枠組みを提示している。しかしいっぽうで、その問題構成の立て方からくる制約によって、考察の中心が欧米の観光客（ゲスト）に限定される傾向が見られる。ブーアスティンの場合、考察の中心は「擬似イベント」を消費する欧米の大衆であり、マッカネルでは「真正性」を求める欧米の大衆の心理構成が題材とされる。またアーリーでは「まなざし」を向ける側である欧米社会に働くメカニズムが問題となっているのである。

それに対し、観光客を受け入れる側（ホスト）に関しては、観光ショーや宿泊施設に関わる人々といった観光関連の仕事につく場合のみがとりあげられている。そこでは、ホスト社会の人々は、観光客としてやってくるゲストに観光サービスを提供する人々としてあつかわれているにすぎない。ホスト社会への直接的な関心がひじょうに希薄なのである。

これらの現代社会論として観光を分析する理論的研究は、現代欧米社会にとって観光現象のもつ意味を特定し、さらに現代欧米社会の観光経験を分析していく際に重要な理論的概念を提示している。

その意味で、現代社会にグローバルに広がる観光現象を考察するうえで基礎となる研究となっている。しかし、これらの理論的研究からは、グローバルな観光現象が生起する具体的な場面、つまりローカルな現地のすがたを見ることはむずかしい。ローカルな場からの観光研究を推し進めてきたのは社会学の分野よりも、観光におけるホスト社会となることが多い途上国をフィールドとした人類学的研究といえよう。そこで次に人類学による観光研究を検討する。

2-2 「ホスト-ゲスト関係としての観光」研究

人類学において、初めて観光が総合的かつ組織的にあつかわれたのは、一九七四年のアメリカ人類学会大会においてであった。一九七七年には、この大会の成果である論文集『ホストとゲスト』が出版された（Smith ed., 1977）。これ以降、アメリカを中心に観光人類学の研究が広がっていく。

この論文集には、たとえばネルソン・グレイバーンの論文のように、ゲストである観光客に焦点を当て、観光の本質を明らかにしようとする分析もあり（Graburn, 1977）、先に見た観光社会学の研究と重なっているものもある。しかしこの論文集が画期をなすものであったのは、タイトルにもあるように、ホストとゲストの相互関係として観光を論じている点であり、さらにホスト社会の視点から観光を分析しようとする姿勢を打ち出している点である。

論文集『ホストとゲスト』をはじめとした、一九七〇年代半ばからの観光研究、とくに人類学による観光研究では、観光のマイナス面を強調するものが多く見られる。たとえば、一九七六年に世界銀行とユネスコの支援を受けセミナー「途上国における社会文化的影響」が開かれ、その成果として一九七九年に論文集『観光は発展へのパスポートか？』が出版された。この論文集のタイトルは、国連による観光推進のためのスローガン「観光は平和へのパスポート」をもじったものである。タイトルからわかるように、本書の立場は観光開発に対して批判的であり、人類学者だけでなく、社会学や経済学など幅広い分野の研究者が、観光の経済的有効性の見直し、また文化的・社会的側面への悪影響など、途上国の観光開発にともなう問題点を多面的に論じている（de Kadt ed. 1979）。

一九七〇年代半ばから本格的に始まった観光人類学の研究では、観光開発に対する批判的視点が共有されている。また、この批判の系譜には、二種類のものがある。その一つは、「近代世界システム論」からの影響によるものであり、もう一つは、観光開発によって脅威にさらされるホスト社会における伝統的文化や社会体制の維持に関連する論点である。

第一の系譜における観光批判には、サミール・アミンなどによる「従属理論」やイマニュエル・ウォーラステインによる「近代世界システム」論からの影響が見受けられる。第二次世界大戦後、アジアやアフリカなどの植民地であった国々は次々と独立を果たした。しかしながら、独立してもなお、国際社会の中心的国家とのあいだの支配－従属関係は維持されたままである。世界システム論は、この中心と周縁との関係を、世界システムの構造によって説明しようとするものである（Wallerstein. 1974＝一九八一）。途上国や地方社会での観光にも、当然のことながら、同じ構造が見出された。たとえば、デニスン・ナッシュは、途上国での観光開発は、権力関係によって、欧米の先進国から押しつけられたものであるとし、観光は「帝国主義の一形態」であるとしている（Nash, 1977）。これは、「世界システム」というグローバルな流れのなかに、観光を位置づけるものであり、周縁であるローカルな地域から観光を読み直すものといえよう。しかしここで問題とされるのは、ローカルな地域を周縁と位置づけている世界経済と権力関係の構造であり、本書が目指すローカルな「場」そのものへの言及は行なわれていない。つまり、ローカルな場の具体的なすがたは、社会学による研究同様に見えないのである。

それに対して、地域の文化や社会のなかに伝統的な民族社会のありようを探求してきた「古典的」人類学の分野では、観光開発によってそれらの伝統が脅威にさらされることに対して、ローカルな場からの批判が展開された。この流れが観光批判の第二の系譜である。たとえばダヴィッド・グリーンウッドは、スペインの伝統的な祭であるアラーデの調査から、観光によって、伝統的祭が本来の意味を離れ、観光用の見世物になったことを厳しく非難している（Greenwood, 1977）。このような「古典的」人類学の枠組みにおける、観光によるローカルな場、地域社会へのマイナスの影響への批判の背景には、伝統社会における民族文化の永続性やその維持といった前提が存在している。先ほどの社会学の理論的研究との関係で見れば、文化や社会のもつ「真正性」が、観光によって破壊されることへの非難であるといえよう。

途上国や地域社会をフィールドとした人類学研究においては、たしかに、観光を受け入れる側であるホスト社会そのものへの関心が強固である。これらの研究がローカルな場からの観光研究の出発点であり、またその広がりの一端を担ってきたともいえる。しかしながら、伝統文化やその社会体制を永続的なものとみなし、その保護や維持を前提とした発想は、八〇年代をとおして大きな批判にさらされることとなる。

2-3 観光に対する新たな視点——オルタナティブ・ツーリズムへ

文化を固定的なものととらえる本質主義への批判は、観光研究にとどまらず、地域文化を研究する人類学や社会学のなかで大きな流れとなっている。この批判の系譜の嚆矢となるのが、一九八三年に出版された、エリック・ホブズボウムとテレンス・レンジャーらによる論文集『創られた伝統』である。そこでは、たとえばある民族集団の服装や儀礼といった永続的、固定的であると考えられてきたさまざまなものが、じつは社会的な転換期や近代化のプロセスのなかで新たに生み出されたものであることが示されている。古くから伝統的だと考えられていたものは、近代になってから創られたものであることが、主にイギリスの事例をもとに、明らかにされたのである（Hobsbawm and Ranger eds. 1983＝一九九二）。

この「伝統の創出」という一種のパラダイム転換は、人類学における「文化」概念に対して、また観光の「真正性」をめぐる議論に対しても大きな影響を与えるものであった。人類学者のジェイムズ・クリフォードは、近代の民族誌は、「同質化の物語」もしくは「喪失の物語」と、「生成の物語」もしくは「創造の物語」のあいだを揺れ動く運命にあるとしている。「文化」を消えていくものとしてとらえるか、たえず変わりつづけ、創られていくものとしてとらえるかということである（Clifford, 1988＝二〇〇三）。それまでの「文化」概念のように伝統社会を固定的、静態的なものとみなすのではなく、つねに外来からのインパクトを受けつつ変容しつづけているものだととらえる視点は、観光開発など新たな社会変動にさらされた地域社会の人々を、ただ変容の「被害者」としてではなく、みずからその変化に関わっている「主体」として位置づけ直す契機を与えるものであった。

これらの議論と同時期に、観光研究においても、観光によって創られていく文化に目が向けられるようになった。その代表的なものは観光社会学者エリック・コーエンによる、マッカネルの「真正性」概念を拡大した「創発的真正性 emergent authenticity」の議論である。それまでの観光によって伝統文化などの「真正性」が破壊されるとする議論に対して、観光によって作り出されるものもまた本物であり、それを「創発的真正性」とコーエンは名づけた（Cohen, 1988）。観光によって伝統的な文化や社会が変容することを単純に非難するだけではなく、現実として認め、そこから研究を進めようという方向性である。これは、ある意味、観光開発や観光の実態に作用する「権力性」は認めつつも、ホスト社会の想像性を強調しようとする議論へ向かうものといえよう。

上述のようなホスト社会に関する議論は、人類学、社会学、歴史学などの領域における「文化」概念の再検討として、理論的な次元で展開しているものだが、これらの議論が、現実の観光のあり方に対する検討とまったく無関係に進んでいるわけではない。たとえば一九八九年に「国際観光学アカデミー」による研究セミナー「観光のオルタナティブな形態に関する理論的展望」が、ポーランドで開かれた。この研究セミナーでは、現在のマス・ツーリズムに替わる「望ましい」観光とはどのようなものかが議論されている（Smith and Eadington, 1992＝一九九六）。

『ホストとゲスト』が出版された一九七〇年代半ばごろから、ホスト社会の視点が焦点化され始め、現在のマス・ツーリズムは、経済的にも、社会的にも、文化的にも、観光の現場であるホスト社会に恩恵をもたらすものではなく、弊害をもたらすだけであるという認識が、観光研究者やその現場においても広まっていった。そのため観光の現場においては、この弊害を乗りこえるための「望ましい」観光の模索が行なわれ始めてきたのである。一九八〇年代後半には、観光研究者たちも「望ましい」観光形態に関心をもち、一九八九年に、上述の組織的な研究活動が実現された。このセミナーの成果は、一九九二年に論集『新たな観光のあり方』として出版されている（Smith and Eadington, 1992＝一九九六）。

これ以降、観光研究では、マス・ツーリズムに替わる「望ましい」観光をめぐる議論が盛んになされていくことになる。「望ましい」形態として構想される観光のあり方は「オルタナティブ・ツーリズム」と呼ばれる[2]。その具体的な形態としては、エコツーリズム、グリーン・ツーリズムなどがあげられている。次節以降では、具体的な事例としてエコツーリズムをとりあげ、現在の日本における動向とその意味、さらにはエコツーリズム研究の動向とその限界を考えてみたい。

3　エコツーリズムの現代性

3-1　エコツーリズムの隆盛

「エコツーリズム」は、一般に「ネイチャー・ベースド・ツーリズム」と混乱されやすい側面をもっている。単純に自然を楽しむ、とくに自然保護の意識がない観光であっても、「エコツーリズム」を名のっている場合も多い。これは、そう名のれば集客が期待できることにも起因するが、エコツーリズムの定義が、明確化されていないことも原因のひとつである。

エコツーリズムの具体的規定に関しては、数多くの研究者や多様な機関によってさまざまな定義がなされており錯綜している。観光研究者の敷田麻実と森重昌之は、錯綜した多様なエコツーリズムの定義を再検討し整理を試みている。敷田と森重の整理によれば、エコツーリズムとは「自然環境への負荷を最小限にしながらそれを体験し、観光の目的地である地元に対して何らかの利益や貢献のある観光」（敷田・森重、二〇〇一、九五頁）である。またその特性として「①自然環境に与える影響を最小限にする努力、②観光地である地元での利益の創出、③自然環境を理解し、コミュニケーションするための努力」（敷田・森重、二〇〇一、九五頁）の三点をあげている。ただし、特性②と特性③はすべての定義に共通しているわけではなく付加的なものであり、すべての定義に共通するのは「基本的に自然環境を享受することに関係する」（敷田・森重、二〇〇一、八九頁）点、それも搾取的に享受するのではなく、持続的に利用する点だけであると指摘する（敷田・森重、二〇〇一）。

エコツーリズムの定義に関する最大公約数の共通項が、自然環境を持続的に利用できるかたちで享受する観光形態というかたちでしか導き出せないことからもわかるように、現実にはエコツーリズムの名称のもとに多様な実践が行なわれている。本書では、上述の整理に基づきつつ、マス・ツーリズムからオルタナティブ・ツーリズムへの転換というこれまでの観光研究の展開も踏まえて、「自然保護」、「観光開発による地域への貢献」、「（ホスト側、ゲスト側、両者に対する）教育的効果」という要素を含んだ観光形態を「エコツーリズム」と呼んでおきたい。

エコツーリズムが重視されていく背景としては、これまで見てきた「オルタナティブ・ツーリズム」の模索のほかに、自然環境と開発に関わる議論として「持続可能な開発」論の広がりがあげられる。この考えは、「環境と開発に関する世界委員会」（通称「ブルントラント委員会」）による一九八七年の報告書『地球の未来を守るために』（通称「ブルントラント報告」）によって知られるようになった概念である（The World Commission on Environment and Development, 1987）。その後、一九九二年の「国連地球サミット」では、世界的に深刻化している地球環境を守るべきだとする先進国側からの問題提起と、この先進国側の主張に対して、環境保護を第一におくよりも、開発を進展させ経済発展を望む途上国の主張が行なわれ、両者を調停する考え方として広がっていった。この自然環境を守りつつ開発を達成するとする「持続可能な開発」論は、実現が困難な理想論である場合が多い。しかし、この議論の高まりのなか、エコツーリズムは持続可能な開発を実現していると位置づけ、その意義を評価していこうとする観光研究者もいる（たとえば安村（二〇〇六））。

これらの流れのなか、現在ではエコツーリズムに取り組んでいる地域が、途上国や地方社会で増加している。国際的には、アフリカ、南米、アジア・太平洋地域など、多くの国々でエコツーリズム開発が行なわれている。国連によって、二〇〇二年は「国際エコツーリズム年」と定められ、世界各地でさまざまな大会やシンポジウムが開かれた。第5節で見るが、国内的にもエコツーリズムは現在、最も注目されている観光形態のひとつといってよいであろう。

エコツーリズムを成立させるためには、自然環境が多く残っていることが必要である。工場などの生産産業の誘致や都市整備といった大規模な開発がなされなかった地域では、結果として自然環境が多く残されているために、エコツーリズムを導入しやすい。国内では、離島や中山間地域などが、第二次産業やリゾートなどの産業開発が行なわれなかった結果として、開発圧による自然破壊から逃れたために、エコツーリズム開発を取り入れやすい状況となっている。また、それらの地域の側から見れば、地域を支える産業である農業、漁業、林業などの第一次産業の衰退のために、観光開発による地域活性化への期待が大きい。

とくに、本書が対象とする離島地域では、開発圧が及んでいないことに加え、生態系や地質などの点でもエコツーリズムに適している地域が多い。外海の孤島ゆえに、ほかの地域との接触が少なく、生物種は独自の進化を遂げ、その地域だけにしか生息しない固有種が多く存在し、また地質学的にも独特であることが多いからである。これらの独自性は、エコツーリズムを行なうにあたって有利な条件となりうるものである。

3-2　エコツーリズムの現代性

序章でも概観したが、エコツーリズムは、以下の二点において、きわめて現代的な現象としてとらえることができる。一点目としては、前節で述べたように、新たな観光として提起された「オルタナティブ・ツーリズム」のひとつとしてのエコツーリズムのもつ現代性である。エコツーリズムは、大衆性、大量生産と大量消費、都市もしくは先進国からの一方的な視点、これらのものが刻印されたマス・ツーリズムを批判することから生まれている。エコツーリズムをはじめとする新たな観光は、マス・ツーリズムのもつマイナス面を乗りこえる現代的な現象としてある。

マス・ツーリズムでは、大量の人々が観光に参加することによって発生する経済的な利益が追求され、対象地域の自然環境や社会環境への配慮が欠落していた。観光による利益を享受するのは、観光に参加するゲストであり、直接的に観光経営に関わる、おもに都会や先進国の企業や人々であった。観光対象となる地域の人々には、経済的な利益は少なく、むしろ、自然環境にも社会環境にも負担を強いられるものである。これらの弊害を克服するために、地域への経済貢献にとどまらず、地域の自然環境への配慮、地域社会への配慮をすることが、エコツーリズムの出発点となっている。さらには、地域住民の参加による地域の「主体性」が強調されることも多い。これは観光の地域への「強制」から、観光の地域との「共生」への変化といえよう。

二点目に、エコツーリズムを支える思想背景を指摘することができる。エコツーリズムは、現代の自然保護に関わる思想および活動によって支えられている。この思想や活動のルーツは、多くの研究者が指摘するように、現代欧米社会を起源としたものである[3]。たしかに、自然環境を重視し、持続的に生業を行なうといった現在の自然保護に似かよった行動は、あらゆる時代のあらゆる場所に見ることができる。それは、たとえば東南アジアにおける持続可能な土地利用としての焼畑サイクルであり、また狩猟や漁業のコミュニティにおける収穫制限といった事例として考えられるだろう[4]。これらの活動は、一見すると現代の自然保護思想と通底する部分をもち、同じもののようにも見えるが、その発想自体には大きな差異が存在している。

現代において、これほどまでに自然保護思想が展開していく背景には、いきすぎた近代の開発主義への反省がある。西欧諸国において近代化、産業化を推し進めてきた科学技術の発展のなかで、それまでは人間の生活を脅かす脅威としてあった自然が、人間によって征服される対象となっていった。しかし、数世紀にわたる近代開発主義の結果として、欧米の自然環境は悪化していく。この状況への危惧から、一九世紀後半のアメリカにおいて、国立公園の制定運動や自然保護団体の設立など、現代のエコツーリズムを支える活動へとつながる自然保護活動が活発になっていった。これは「自然環境主義」の立場に立つ自然保護である。

ここで重要な点は、これら自然保護活動を支える知的基盤として、生態学や生物学、地質学などを中心とした現代科学へ依拠していることである。自然保護といっても、あらゆるものが保護の対象となるわけではなく、保護対象を決定しなければならない。その際に参照されるのは、地域の暮らしに根づいた「生活知」ではなく、貴重種や特異な自然環境を特定する体系的な現代科学の知識である。現代科学の分類し、系統だてる知識に基づき、何が貴重であり、何を保護すべきかが決定されていく。この分類し、系統だてる発想は、普遍的なものではなく、近代欧米の科学知識に基づくものである。

このように、エコツーリズムは、近代のマス・ツーリズムへの反省、近代開発主義への反省から発したものであり、さらに、その背景にある自然保護の発想を支えているのは、近代の科学知識である。エコツーリズムとは、ひとつの現代的な知識のあり方を体現しているものだといえよう。さらに、この知識のあり方は、ひとつの「正しい」考え方として、現代では世界中に広がっている。グローバルな「正しい」考え方である自然保護、さらにはエコツーリズムが、ローカルな地域社会の場で行なわれている。したがって、エコツーリズムを見ることによって、現代の社会、とくにグローバルとローカルが接触する場としての現代社会が見えてくると考えられるのである。

本書では、エコツーリズムを現代社会における科学知識のあり方を体現するもののひとつとしてとらえ、この知識のあり方から現代社会を読み解いていきたい。多くの観光形態のなかでもとくにエコツーリズムは現代社会の多面的な特徴を内包していると考えられるからである。以下では、日本においてエコツーリズムがどのように研究がなされてきたのか、本書の関心にそって見ていく。そのうえで、本研究の位置づけを行ないたい。

4　文化人類学におけるエコツーリズム研究(5)

4-1　観光人類学からの始まり

日本におけるエコツーリズム研究は人類学者を中心にして始まった。それ以前にも、ガラパゴス諸島などでの実践例は紹介されてはいたが、本格的な観光研究とはいいがたい。

一九八八年に人類学者石森秀三を中心とした国立民族学博物館の共同研究「旅と観光に関する民族学的研究」が開始された。人類学者を中心とした観光研究の本格的な始まりである。それまでの日本における観光研究は、地理学や政策学、経営学、経済学が中心となっており、どちらかというと「観光地」や「観光産業」の研究といえるものであった。観光人類学の参入により、観光の社会的側面、文化的側面にも焦点が当てられるようになったのである。一九九三年には、石森を研究代表として共同研究「カリブ海地域におけるエコ・ツーリズムの比較研究」が開始された。この共同研究から、人類学者による、海外でのエコツーリズムを事例とした研究が生まれることになる。

この時期には、ガラパゴス諸島やコスタリカなど南米や中米でエコツーリズムがすでに行なわれていた。また、すでに見たように「オルタナティブ・ツーリズム」研究が本格化したころでもある。日本における観光人類学では、その始まりからエコツーリズムやエスニック・ツーリズムをはじめとした「オルタナティブ・ツーリズム」に向き合うことになったのである。

石森を中心とした共同研究のメンバーによって観光人類学の研究成果が発表されていったわけであるが、そのなかでエコツーリズムをあつかっているものは多くはない。人類学者の関心としては、同じ「オルタナティブ・ツーリズム」でも「エスニック・ツーリズム」への関心が高かったこともあるのだろうが、当時、一部の先進地域を除いては、いまだエコツーリズムを行なっている地域が少なかったこともその要因として考えられる。

それでも、共同研究の参加メンバーによって、石森の「島嶼国家と観光開発」(一九九四)、江口信清の「エコ・ツーリズムとツーリズムのエコロジー」(一九九四)、池田光穂の「コスタリカのエコ・ツーリズム」(一九九六)、太田好信の「エコロジー意識の観光人類学」(一九九六)、橋本和也の『観光人類学の戦略』所収の「楽園から環境へ」(一九九九)などの注目すべき論考が発表されている。

さらに、石森らは、一九九九年には「自律的観光の総合研究」と題する共同研究会を開き、その成果として国立民族学博物館調査報告書『エコツーリズムの総合的研究』(二〇〇一)を発表している。この報告書は、アカデミズムからの初めてのエコツーリズムの論文集である。また、「総合的研究」とあることからわかるように、人類学者だけでなく、多様な研究者が参加しており、多方面からの研究がなされている。人類学から始まったエコツーリズム研究が、数年のときを経て、日本でのエコツーリズム開発への機運の高まりとともに、多くの領域へと広まっていったのである。

4-2　観光人類学におけるエコツーリズム研究

日本において観光人類学が本格的始動を見せた一九八〇年代後期から一九九〇年代初頭の欧米では、すでに見たように、スミスらによる「オルタナティブ・ツーリズム」の議論やクリフォードによる議論など人類学に関わる研究、マッカネルやコーエンなどの社会学者による観光研究が積み重ねられていた。日本の人類学者による観光研究は、これら欧米の人類学や社会学の議論を吸収し、その影響のもとに研究が進められたのである。

江口は、カリブ海のベリーズの事例から、エコツーリズムを分析している。先進国の観光客にとって、現地の人々は、自然と共に生きる「未開性」や「後進性」を体現するものであり、自分たち文明人とは異なる人々として必要とされていると指摘する。結局のところ、エコツーリズムは現地の社会への貢献や環境保護をうたっているが、「観光する側とされる側との『力の不均衡』を前提にしているので、見られる側の悪影響を最小限に食い止めることは非常にむずかしい」というのである（江口、一九九四、一一頁）。

同様の「力の不均衡」に発する権力性の指摘は、共同研究ということもあり、池田や太田にも見られる。池田はコスタリカの事例から、エコツーリズムは先進国が必要とする自然保護を途上国が売ることによってしか成り立つことのない「従属的産業」であるとし、その「帝国主義や新植民地主義」を指摘している（池田、一九九六）。また、太田は江口同様にベリーズの事例から、エコツーリズムには「持続的開発、環境保全、自然保護という語りが隠蔽してきたさまざまな側面がある」と批判する。

エコツーリズムを支えるエコロジー意識が「普遍的な価値」をもつものとして流通することにより、エコツーリズムのもつ「文化の商品化現象」といった側面や「現金収入の数少ない源」であるといった側面などが隠されてしまうというのだ（太田、一九九六、二一八頁）。

さらに、橋本はフィジーを事例として、「『自然保護の精神』などという西洋的な価値観とはほとんど別物の論理が地元にはある」（橋本、一九九九、二六六頁）点を指摘する。受け入れる側の社会にとって、エコツーリズムとは、観光として売買する「ビジネス」であり、西洋の価値観とはギャップがある。にもかかわらず、このビジネスの側面を「自然保護」の名のもとに覆い隠すこと、価値観のギャップに気づかないでいることを批判している（橋本、一九九九）。このように、初期の人類学者による研究は、マス・ツーリズムの弊害を乗りこえる「理想的」な観光として現れたエコツーリズムに対して、批判的な視点をもったものであった。

4-3　人類学の危機への対応として

一九九〇年代、急速に人類学者による観光への関心が高まった。しかし、九〇年代末に、橋本は「一般的に言えることは、観光現象について書いた執筆者の多くは、その後も関心を持続することはほとんどない」と指摘している。文化人類学の分野において、観光が研究者の「問題意識の中核」になりえなかったことがその原因であるというのだ（橋本、一九九九、九頁）。

この背景としては、観光研究者である鈴木涼太郎が「一九九〇年代の『観光人類学』は、『人類学の危機』への反応として人類学内部では消費された」（鈴木、二〇〇五、二四頁）と指摘する状況がある。人類学全体として見れば、観光への関心は観光現象そのものへの関心から発したものではなく、「文化」概念やフィールド調査への懐疑といった人類学の存立意義を問われる「ライティング・カルチャー・ショック」のなかで、一つの事例としてとりあつかわれた傾向があるというのだ（鈴木、二〇〇五）。そのため、その後の人類学における観光研究は大きな展開を見せることもなく、また、大きな流れとはなりえなかったのである。

結果として、人類学者によるエコツーリズム研究を含めた観光研究は、一九九〇年代末には縮小していった。しかし、一九九〇年代以降の日本では、エコツーリズム開発が進展していった時期であり、参入していく地域も増加していった時期である。その結果、政府の政策にそった研究が拡大していく。次の節では、日本のエコツーリズム政策の流れとの関連から、実践的・政策的な研究を見ていくことにする。

5　実践的・政策的研究としてのエコツーリズム研究(6)

5－1　環境庁主導のエコツーリズム導入

日本におけるエコツーリズムは、一九八〇年代末ごろから、小笠原諸島、西表島、屋久島などで自生的に始まった。もっとも、多くのツアーは、ガイド付きで自然を体験するだけのネーチャー・ベースド・ツーリズムといえるものであり、エコツーリズムであるという意識は希薄なものであった。そのなかで、一九八九年から商業的に始まった小笠原諸島でのホエール・ウォッチングは、クジラへの影響を縮減するために生態学者の協力のもと自主ルールを作成したことから日本初のエコツーリズムと評価されている（エコツーリズム推進協議会、一九九九、古村、二〇一〇b）。

各地域で自生的に始まったエコツーリズムの取り組みが、国の政策と結びつく契機となったのが、一九九〇年から始まった環境庁による「国内エコツーリズム推進方策検討調査」（「自然体験活動推進方策検討調査」）である。この調査では、知床、白神山地、小笠原諸島、屋久島、西表島が選ばれている。後のエコツーリズム行政および研究に大きな影響を与えたのは、本書の第4章で事例をあつかう西表島での調査であった。

西表島での調査は、環境庁の委託を受け財団法人自然環境研究センターの真板昭夫（現嵯峨芸術大学）と資源デザイン研究所の海津ゆりえ（現文教大学）の関与のもと行われた。一九九四年には、この調査の成果をもとに、海津などの編集によって日本初のエコツーリズム・ガイドブック『ヤマナ・カーラ・スナ・ピトゥ　西表島エコツーリズム・ガイドブック』が発行されている。さらに、一九九六年には、日本初のエコツーリズム協会である「西表島エコツーリズム協会」が発足した。

真板と海津は、この西表島でのエコツーリズムへの取り組みを地域住民の「主体的」かつ「自主的」な「地域おこし」活動であるとしている。地域住民の「主体的」な参加によってガイドブックが作られ、住民の「自主的」な組織として作られたエコツーリズム協会を高く評価しているのである

（海津・真板、二〇〇一）。真板と海津は、その推進に深く関与した研究者として、西表島でのエコツーリズムの取り組みを広く発信していった。さらに、その後の日本のエコツーリズム政策に深く関わり、影響力を与えていくことになる。

一九九八年には、全国的な組織「エコツーリズム推進協議会」が設立された[7]。この協議会によって、日本で初めて総合的にエコツーリズムを紹介する書籍『エコツーリズムの世紀へ』（一九九九）が出版されている。この書籍は、環境庁や観光コンサルタント研究所を中心に作られたもので、自然保護や地域振興への有効性などといったエコツーリズムの意義、ガイドライン作成などの開発のための手法、および先進地域の紹介などがなされている。

同書のなかで真板と海津は、エコツーリズムに対する基本姿勢として、「資源の持続なくして観光は成立せず、地域住民の参画なくして資源は守れず、経済効果なくして住民の参画は望めず」（海津・真板、一九九九、二五頁）という認識を表明しており、地域住民の参加を重視する姿勢を打ち出している。またエコツーリズム開発の「主体が地域住民自身であることが最も望ましい」（海津・真板、一九九九、二七－二八頁）とし、地域の「主体性」を強調する。

さらに、二〇〇二年にはエコツーリズム推進協議会理事でもある財団法人日本交通公社の小林英俊によって、スー・ビートンの『エコツーリズム教本――先進国オーストラリアに学ぶ実践ガイド』（二〇〇二）が翻訳された。この書籍も、『エコツーリズムの世紀へ』同様に、エコツーリズムを啓蒙するものであり、エコツーリズムを実践的に進めるための方策や、とくに地域コミュニティとの協力が強調されている。ほかにも、特殊法人国際振興会を経て大学教員となった小方昌勝による『国際観光とエコツーリズム』（二〇〇〇）や日本エコツーリズム協会理事の小林寛子による『エコツーリズムってなに？』（二〇〇二）など、アカデミックな色の濃いものではないが、観光実務経験者によって「理想的」な観光としてのエコツーリズムを紹介する書籍が出版された。

5-2　環境庁主導から国策へ

環境庁主導で始まった日本でのエコツーリズム政策が強化されていくのは、二〇〇三年ごろからである。この背景には、すでに見たように、エコツーリズムにかぎらず、日本政府が観光を重視する姿勢を示したことがある。政府の観光重視の方針にそい、環境省を中心にして、エコツーリズム政策も進展していった。二〇〇三年から二〇〇四年にかけて、環境大臣を議長として「エコツーリズム推進会議」が開かれ、エコツーリズムの方向性が検討された。この会議の成果として、「五つの推進方策」（エコツーリズム憲章、エコツアー総覧、エコツーリズム大賞、エコツーリズム推進マニュアル、エコツーリズムモデル事業）が示されている。

この推進会議に、日本エコツーリズム協会からのワーキング委員として参加したのは、前述の海津である。また、エコツーリズムの基本計画やルールの設定、ツアーにおけるガイダンスなど、地域社会がエコツーリズムに取り組む手法などが解説された「エコツーリズム推進マニュアル」の執筆にも海津は加わっている(8)。海津や真板など、地域でのエコツーリズム開発に関わってきた研究者による理念や手法などが反映されたものとして、日本のエコツーリズム政策は推進されたのである。

その後、五つの推進方策にそって、二〇〇四年から二〇〇七年にかけて、一三地域で、エコツーリズムモデル事業が行なわれた。このモデル事業では、これまでエコツーリズム開発が行なわれていた知床や屋久島といった世界自然遺産認定地域などの「豊かな自然の中での取組」に加え、富士山麓や裏磐梯などすでに観光地として確立している地域である「多くの来訪者が訪れる観光地での取組」、さらに「里山里地の身近な自然、地域の産業や生活文化を活用した取組」が採用されている。ある意味、「自然」があれば、どこでもエコツーリズム開発を行なうことができるということである。

このモデル事業で注目したいのは、「里山里地の身近な自然」が対象にされていることである。これは、海津と真板が提唱してきた「日本型エコツーリズム」に合致したものといえる。海津と真板は、「日本の自然の多くは人の営みと深い関わりを持ってきた土地である。したがってエコツアーの内容も自ずと自然と人の関わりや、文化そのものの要素が多くなるといえる」としている（海津・真板、二〇〇四、二一七‐二一八頁）。アメリカやオーストラリアのエコツーリズムのように人の手が入っていない原生自然だけでなく、里山など人との関わりのなかで成立してきた自然も日本における自然であり、この自然との関わりのなかで文化が育まれてきた。この自然と文化もエコツーリズムの対象としてとらえ、「地域づくり」を行なうのが「日本型エコツーリズム」であるというのだ。ここでは、農村を対象としたグリーン・ツーリズムや漁村を対象としたブルー・ツーリズムとエコツーリズムとの境界線はなくなり、融合されたものとなる（海津・真板、二〇〇四、真板・比田井・高梨、二〇一〇）[9]。

二〇〇七年六月にはエコツーリズム推進法が公布され、翌年四月に施行された。この法律の第一条の目的では、「自然環境の保全」、「地域における創意工夫を生かした観光の振興」、「環境の保全に関する意識の啓発等の環境教育の推進」がエコツーリズムの意義として記されている。明記されてはいないのだが、前記のエコツーリズム推進マニュアルでは、「環境保全」、「観光振興」、「地域振興」とされていたものに、「環境教育」が付け加わったものとなっている。[10] この意義は、敷田と森重の整理をもとにした本書でのエコツーリズムの定義、「自然保護」、「観光開発による地域への貢献」、「（ホスト側、ゲスト側、両者に対する）教育的効果」と重なるものである。ただ、「振興」の面がより強調されている点が指摘できる。

5－3 地域づくりとしてのエコツーリズム研究の増加

この森重は、日本のエコツーリズムについて、「海外ではエコツアーの質や取り組み内容が議論の中心であるのに対し、日本では『地域づくりの手段として活用できるか』などの地域振興に重点が置かれて」（森重、二〇〇八、五一－五二頁）いると指摘している。さらに、経済効果だけでなく、「地域に対する誇りや自信の創出などの地域づくり」に特徴があるとする（森重、二〇〇八、五四頁）。

すでに見てきた真板と海津の研究でも、地域主体の地域づくりという地域振興の面が強調されており、彼らの関与のもと作られたエコツーリズム政策でも地域づくりが重視されている。国の政策を反映し、アカデミックな色彩の強いものとはいえないが、「地域振興」としてのエコツーリズムに関わる文献が増加している。

書籍としては、海津による『日本エコツアー・ガイドブック』（二〇〇七）、真板などによる『宝探しから持続可能な地域づくりへ』（二〇一〇）、敷田の編集した『地域からのエコツーリズム』（二〇〇八）など、「地域づくり」としてのエコツーリズムをあつかったものが出版された。また、行政サイドからも、環境省による『エコツーリズム　さあ、はじめよう！』（二〇〇四）、国会議員の編集した『エコツーリズム推進法の解説』（二〇〇八）などが出版されている。

海津は、北は知床から南は西表島まで一六地域でのエコツーリズム実践を紹介している。紹介される地域は、エコツーリズム開発において海津が関わってきた多様な地域である。ここでは、各地域のエコツーリズムに深く関わってきた「情熱をもった担い手」たちのライフ・ストーリーをもとに「彼らの言葉をとおしてフィールドを紹介」している（海津、二〇〇七、二-三頁）。地域の人々のことばにより、その地域のエコツーリズムへの取り組みを「成功例」として紹介するこの方向性は、地域主体の地域振興としてのエコツーリズムという海津（および真板）の考えが強く反映しているものである。

真板らは、自らエコツーリズム開発に関わってきた西表島や二戸市、本書第6章であつかう南大東島などの事例をもとに、「日本型エコツーリズム」を紹介している。それらの地域で行なわれた「宝探し」による地域づくりの具体的な事例と推進方法の紹介である。詳しくは第6章で見るが、「宝探し」とは、「地域住民自らがエコツーリズム資源を発掘する方法」であり、「住民が主役となる地域活性化」であるとされている（真板・比田井・高梨、二〇一〇、一〇三頁）。海津の文献と同じく、地域主体の地域振興の側面が強調されたものである。

また、敷田は、早い時期から沿岸地域を対象としたエコツーリズムの研究を行なっており（敷田、一九九四など）、すでに見たように、あいまいだといわれるエコツーリズムの定義についても成果（敷田・森重、二〇〇一）を発表してきた。敷田の編集による『地域からのエコツーリズム』は、「エコツーリズムを推進し、地域でエコツアーをつくり出そうと考えている関係者のために書かれ」（敷田編、二〇〇八、三頁）たものである。無計画なエコツーリズムの推進はさまざまな悪影響をもたらすものであり、悪影響を回避するためには「マネジメント」を行なう必要性があること、その具体的な方法を提示している。また、地域が主体として「マネジメント」を行なうことによって、「エコツーリズムの推進を主導する主体が地域内の関係者である」自律的観光を目指すことを強調する（敷田・森重、二〇〇八、九〇頁）。

これらの文献に共通して見られるのは、「成功例」としてのエコツーリズム実践の紹介、さらに「地域づくり」・「地域振興」としてのエコツーリズム開発やマネジメントの手法といったマニュアル的な性格である。さらに、地域社会が主体となることが重視されている。この実践的な方向性をもった研究が、現在のエコツーリズム研究の主流となっている。

6　文化人類学研究と実践的・政策的研究

6-1　実践的・政策的研究増加の背景

ここまで、文化人類学的研究の縮小に比べ、実践的・政策的な研究が増加してきたことを見てきた。論文でも書籍でも、実践的・政策的なエコツーリズム研究は増加しているが、人類学のようなアカデミックな色彩の強い分野からは論文や書籍の一部として刊行されるのみで、書籍一冊をエコツーリズムに特化したものは少ない。

この背景には、学術書は売れないという出版事情もあるが、現在の社会事情と研究事情も影響していると思われる。現在、世界的に学問の世界では、役に立つ実践的な研究が求められている。エコツーリズムの文脈においても、現在の日本では、国の政策にそって観光開発に参入する地域が多くあり、地域社会としては、どのように観光開発を行なえばよいのか具体的な答えを求めている。それにこたえるのが、実践的な地域づくりとしてのエコツーリズム研究であり、具体的なマニュアルとしての文献なのである。そこで求められているのは、人類学のエコツーリズム研究で見た批判的な理論研究ではない。

この状況は、観光研究の場である大学にも影響を与えている。観光系の大学や学部、学科が新設されたため、しばらく前までは観光関連の大学教員募集が多数あった。ただ、その募集では「実務経験者」とされているものが多かった。つまり、アカデミックな研究を行なってきたものではなく、旅行会社などの観光関連産業で観光開発に関わってきた人が募集されていたのである。大学が求めているのは、観光に関わる理論的なことを教え、アカデミックな人材を養成できる教員ではなく、観光産業に従事することのできる人材を養成できる教員なのである。

研究をつづけるためには、大学教員などの職に就く必要がある。その職に就くためにアカデミックな研究は有利でないため、研究者が育たない。結果として、アカデミックな研究成果が少ないと考えることもできる。ただ、数は少ないが、実務的・政策的研究に対して批判的な視点をもった研究も意義のないものではない。それらの研究を以下見ていこう。

6-2 実践的・政策的研究批判

海津や真板により、多数の住民が参加した「主体的」かつ「自主的」な活動であると紹介されてきた西表島のエコツーリズムであるが、西表島で調査を行なった高橋品子は、エコツーリズム協会への住民参加が定着していないことを指摘し、さらに、住民には「エコツーリズムへの無関心、不信感」があるとしている。そのうえで、「環境省や地方自治体、大手旅行会社のエコツーリズム推進の動きに沿う形でなされる観光研究には、実態把握そのもののなかにエコツーリズム導入を前提としたバイアスがかかっている」と批判している（高橋、二〇〇五a、一五八頁）。

また、日本交通公社を経て大学教員となった吉田春生は、海津と真板のエコツーリズムへの見方に対して、二つの点から批判を行なっている。第一に、「観光現象が成立するときに不可欠な観光客という構成要素については、まったく言及されていない」点である（吉田、二〇〇四、三七頁）。この点は、第5節で見た実践的研究に共通して見られるように思われる。地域づくりの面を強調するあまり、エコツーリズムのビジネスとしての側面、どのように集客するかという点について意識が薄くなっていることは否めないのである。

第二に、地域住民の「階層性を無視してひとまとめで地域住民」（吉田、二〇〇四、三八頁）としている点への批判である。エコツーリズムは利益をもたらす産業であり、それによって生計を成り立たせる人から直接収入を得ることのない人まで階層性があるにもかかわらず、住民を一枚岩ととらえていることを批判している（吉田、二〇〇四）。

吉田の指摘に対して、海津と真板は、「まだ理論に現実が追いついていないことをとらえて、理論を提案した研究者や調査事業等を批判」しているとし、「批判のための批判」であると反論している（海津・真板、二〇〇四、二二三頁）。ここでは、エコツーリズムは「正しい」ものであるので、批判してはならないという考えが示されているようにも思える。エコツーリズムの「正しさ」への信念は、敷田と森重の「理想と現実が一致しないことがあるように、エコツーリズムという考え方が優れていても、その推進方法などによって地域に好ましくない影響を与えてしまうこともある」（敷田・森重、二〇〇八、六四頁）ということばからもうかがえる。

エコツーリズムの推進に関与する研究者にとっては、当然のことであるが、推進すること、それも成功裏に推進することが前提となっている。エコツーリズムを行なううえで発生する問題点は、その遂行方法に問題があるために起こっているにすぎず、適切に行なえば解決できる問題でなければならない。ここに、批判すればよいだけの立場とは異なる現実が存在している。この拘束性が、エコツーリズムそのものの「正しさ」を疑うことが許されない状況を生んでいると思われるのである。

しかし、このエコツーリズムの「正しさ」の信念は、人類学研究において問題とされつづけてきたことである。最後に、その後の人類学研究の進展を、実践的・政策的研究との関連から見ていく。

6-3 批判理論としての文化人類学研究の進展

菊地直樹は、第2節で見た人類学の権力性の議論にのっとり、日本におけるエコツーリズムのレビューを行なっている。そのうえで、「地域の生活の論理や文化、地域住民の主体性は、一部の観光人類学研究を除いては見落とされたままである」（菊地、一九九九、一四〇頁）と結論づけている。実践的・政策的研究において、地域の主体性は重要なテーマであった。それにもかかわらず、「見落とされたまま」としているのである。

菊地は、真板や海津などによって「地域住民の意思やアイデンティティ」および「計画策定や実践過程に際して市民参加の必要性」などが論じられているとしているが、それにつづけて、エコツーリズムは地域外部の論理であるために、地域住民が「『取り込む』『組み入れる』対象」、「『啓蒙』『啓発』する対象」となっていることを指摘している（菊地、一九九九、一三九頁）。つまり、政策的な研究のいう「主体性」と菊地のいう「主体性」は、異なるものを指しているのである。菊地のいう「主体性」とは、観光人類学のなかで論じられてきた主体性である。

エコツーリズムを対象としたものではないが、観光人類学者の研究のなかで主体性についての議論が深められてきた。その代表的なものは、太田による「文化の客体化」の議論であろう。太田によると、観光のはらむ権力性の指摘は、現地の人々に同情し、西欧を批判するように見えながらも、現地の人々を「犠牲」として語ることにより、「現地の人々の主体性を否定してしまう」のである。それよりも、「抑圧的な構造が存在することを認めたうえで、観光を担う人々がいかにその構造に抵抗するか、あるいはそうするために観光のイメージをいかに利用するか」という問題意識から観光を分析する方向性を示している（太田、一九九三、三八六頁）。ここでの主体性とは、構造的な権力性のなかでの「抵抗」や「流用」であり、政策的な研究で想定される「自由に発揮できる主体性」ではないのである。

第2節で見た人類学者による海外を事例としたエコツーリズム研究でも、太田のいうような主体性への言及はあったが、示唆する程度のものであった。菊地は、人類学者による主体性の関心のもと、高知県大方町の砂浜美術館におけるエコツーリズムの事例をあつかい、「エコ・ツーリズムに取り込まれているというよりも、エコ・ツーリズムを取り込んでいるのである」（菊地、一九九九、一四五頁）と住民の主体性を評価している。

また、第2節でも見た橋本は、フィジーを事例として、エコツーリズム開発の現場では、「開発推進者の思惑とは異なり、外部からもたらされるさまざまな開発を、地元なりの文脈で『消化・受容』し、再文脈化している現状がある」と指摘し、「流用」の事例を紹介している（橋本、二〇〇三、五八頁）。そのうえで、エコツーリズムの権力性を脱構築するためには、エコツーリズムの現場で観光客と地元の人々のあいだに新たに作られる文化である「エコ・ツーリズム文化」を作り出すことが不可欠だとしている（橋本、二〇〇三）。

これらの観光研究の主体性議論に対して、松田と古川は、「小さな共同体がミクロな状況ごとに主導権を握り、そこに主体として自己定立していくという考え方は、これまでの構造重視の視点からは生まれてこなかった見方であり、現場の可能性をすくいあげようとする姿勢は高く評価できる。しかしそれは容易に、権力関係への目配りを欠き、予定調和的なモデルや平板な二項対立モデルへと変質してしまう危険を内包している」（松田・古川、二〇〇三、二三一頁）と、人類学における主体性議論に疑問を投げかけている。犠牲者としてではなく、主体として見ることは評価しながらも、地域の人々がエコツーリズムを「取り込んでいる」、「地元なりの文脈で『消化』・『受容』」していると見ることは、安易な主体性の評価につながりかねず、その結果として単純化されてしまう危険性をもっているというのである。

松田と古川によれば、エコツーリズムなどの観光は、「都会の論理」から出たものであり、現地の人々は「構造的弱者」である。そして、観光の権力性のなかで発揮できる「構造的弱者の創造性」は、「都会の論理」を解釈し、改変するところにはなく、あくまでも「生活世界を充実させるための選択肢として便宜的に選びとること」にしかないというのである（松田・古川、二〇〇三、一三二頁）。

そのうえで、「高邁な思想や批判的認識論のレベルだけではなく、遊楽性や小遣い稼ぎなどの実践性を射程にいれた社会理論の深化」（松田・古川、二〇〇三、一三六頁）が必要であるとしている。本稿の文脈に即してみれば、実践的・政策的な研究が見てきた自然保護や地域主体の地域づくりといった「高邁な思想」でも、人類学が見てきたような「批判的認識論」でもない方向性として、小さなものでも現場に即した「実践」的方向性を求めているのである。

7 ローカルな現場から

ここまで見てきたように、日本におけるエコツーリズム研究は、批判理論をもととした人類学的研究と実践的・政策的な研究の二つの方向性をもって進められてきた。これらの研究の融合という考え方もあろうが、それよりも、現状から見れば、今後も実践的・政策的な研究がより隆盛となっていくと思われる。

しかし、見てきたように実践的・政策的研究には問題点が多くある。たしかに、適切に行なうことによって解決できる問題も多々あるだろうが、実践的・政策的研究には見えない問題、切り捨てられてしまう問題も多くある。エコツーリズム推進にとって有利な面、もしくは適切に行なうことにより解決可能な問題へと視点が限定されるために、切り取られた面だけが報告されてしまうからである。

それゆえに、エコツーリズムの現場で、実際に何が起こっているのかが見えてこなくなってしまう。もちろん、安易な批判的研究にも同様な問題がある。批判ありきの研究であれば、批判のために都合のよい部分を切り取ってしまう点では同じだからである。

エコツーリズムとは、自然保護というグローバルな価値観がローカルな地域社会の現場に現れるという点に特徴がある。ローカルな地域社会では、歴史的、社会的に培われてきた自然との関わりがあり、そこから独自の自然観が生まれている。と同時に、グローバルな価値観とまったく無関係であることはありえない。ローカルな自然観とグローバルな自然観とのあいだには、合致、対立、葛藤といった多様な関係が存在する。これは、個人のレベルでも現れ、態度の多様性として示される。同時に、社会的なレベルでも現れ、地域ごとの差異を生みだしている。そこに、地域ごとのエコツーリズムに対する態度の多様性が現れてくるのである。

この多様性を、「予定調和的なモデル」や「平板な二項対立モデル」として単純化してしまうことからは、地域社会で起こっている現実を見てとることはできないであろう。人類学で蓄積されてきた批判理論を継承し、さらに単純化してしまうことを批判する視点から、エコツーリズムの現場を見ること、分析することが、人類学のみならず、隣接分野である社会学などに求められているのである。

現状では、国内の事例においても海外の事例においても、批判的な視点をもった研究の蓄積が少ない。とくに、地域社会における綿密なフィールド・ワークをともなった研究の蓄積が薄いことは否めない。地域社会を対象としたものでありながら、対象地域への理解が不足しているために、安易な単純化へと流れてしまう傾向もあると思われるのである。
そこで本書では、綿密なフィールド・ワークに基づき対象社会の多様な側面を理解するとともに、批判的視点を失うことなく、対象地域を見ていきたい。

注

（1）リッツアは、パッケージ旅行やモーテルなどの現象をとりあげ、規格化され予測可能性をもつことを指摘し、観光も「マクドナリゼーション」のひとつの現れだとしている（Ritzer, 1966＝一九九九）。
（2）オルタナティブ・ツーリズムという用語については、その意味があいまいで、何を示しているのかわからないという議論が研究セミナー「観光のオルタナティブな形態に関する理論的展望」でもなされている。この用語に替わり「持続可能な観光」、「責任ある観光」などの用語が使われることもあるが、あいまいさは逃れていない。本稿では、この議論をふまえ「オルタナティブ・ツーリズム」とカッコつきで表記する。
（3）たとえば岡島（一九九〇）、沼田（一九九四）、松野（二〇〇九）など。
（4）エコツーリズムにおいて地元住民の参加を推奨する研究者は、長いあいだその土地に住み、自然と共存してきた地元住民こそが、欧米とは違う彼らのやり方で「自然保護」を実践してきたし、その土地の「自然保護」を一番知っていると考える。だからこそ彼らの参加が有用であるとしているのである（たとえば Anderson and Grove, 1987; Berger, 1996）。
（5）日本における観光人類学によるエコツーリズム研究史については、江口（一九九八）、橋本（一九九九）、鈴木涼太郎（二〇〇五）、江口（二〇一一）などを参照した。

（6）日本におけるエコツーリズムの歴史および政策的・実践的なエコツーリズム研究史については、エコツーリズム推進協議会（一九九九）、海津・真板（二〇〇四）、敷田編（二〇〇八）、愛知・盛山編（二〇〇八）、古村（二〇一〇b）などを参照。

（7）エコツーリズム推進協議会は、二〇〇二年に「日本エコツーリズム協会」と改称され、二〇〇三年にはNPO法人となっている。

（8）エコツーリズム推進マニュアルは、環境省のホームページ上でも公開されているが、『エコツーリズム　さあ、はじめよう！』（環境省・日本交通公社、二〇〇四）としても出版されている。

（9）このような認識は、日本独特のものではない。第4節で見た海外を事例とした人類学者によるエコツーリズム研究においても、エコツーリズムが行なわれる場所における現地社会との接触があるために、エスニック・ツーリズムとの関係が深いという認識が共有されている。

（10）エコツーリズム推進法に関しては、愛知・盛山編（二〇〇八）を参照。

第2章 離島社会と観光

1 離島社会の概要

1-1 離島振興法と離島の多様性

日本は六八五二の島からなり、四〇〇以上の有人島が存在する。そのうち「離島振興法」、「奄美群島振興開発特別措置法」、「小笠原諸島振興開発特別措置法」、「沖縄振興特別措置法」のいわゆる「離島四法」によって指定されている有人「離島」は、現在三〇〇島以上ある。(1)

これらの法律で定められた離島のなかには、数万人の人口をかかえ、都市機能を有する奄美大島や石垣島といった大規模な島から、数人しか住んでいない小規模な島まである。面積も、八五〇平方キロメートルを超える佐渡島から〇・一平方キロメートルに満たない島までと幅広い。また交通の面でも、定期船が日に何本も出ており、わずかな時間で本土から到着できる離島もあれば、小笠原諸島のように、六日に一本しかない定期船で二四時間以上かかる離島、冬場には海が荒れるため極端に航路が悪化する隠岐諸島のような離島まであり、上述の法律で指定された離島といっても、ひじょうに多様である。

離島振興法は、一九五三年年七月に、「本土より隔絶せる離島の特殊事情よりくる後進性を除去するため」公布、施行された法律である（離島振興30年史編纂委員会、一九八九、二八頁）。この法律は、島根県や長崎県など離島を有する六都県の立法運動により成立した[2]。

離島振興法には、法の対象として指定する基準は明示されていない。法制定後の同年一〇月には「離島振興対策実施地域指定基準」として、「①外海に面する島（群島、列島、諸島を含む）であること。②本土との交通が不安定な島であること。③島民の生活が本土に強く依存している島であること。④一か町村以上の行政区画を有する島であること。⑤前四項の条件を具備する島であって、法第一条の目的を速やかに達成する必要のある島であること」が示された（離島振興30年史編纂委員会、一九八九、三二頁）。この基準に従い、同年一〇月に第一次指定として、佐渡島や隠岐諸島など一二地区、七九の島が指定された。

その後、指定基準は緩和されつづけ、内海であろうと、交通が便利であろうと、法が適用される対象となり、指定離島数は増加していった。現在の国土交通省の基準では、本州、北海道、四国、九州、沖縄本島を除き、それらの地域と橋または埋め立てなどでつながれていない島は、すべて離島とされており、指定される可能性がある。指定解除は、橋などでつながれた場合に行なわれる。しかし、小豆島のように指定を認められていない島や、橋でつながれても指定解除されていない離島もある。指定離島が増加した背景には、離島四法の対象地区になると高率の補助金が得られることから、指定の申請が相次いだことがある。その結果として、数多くの離島が指定されることになった[3]。

離島振興法は、一〇年間の時限立法として成立し、現在まで六回の法延長が行なわれている。一九九二年四月の四回目の延長では、法の第一条「目的」に、「国土の保全、海洋資源の利用、自然環境の保全等に重要な役割を担っている離島」と加えられ、離島の役割が明記された。さらに、二〇〇二年七月の五回目の延長では、「我が国の領域、排他的経済水域等の保全」と明示され、国際情勢の変化からくる、領土問題に関わる離島の役割が強調されるようになった。

くわえて、この五回目の延長では、「本土より隔絶せる特殊事情よりくる後進性を除去する」という表記が、「産業基盤及び生活環境の整備等が他の地域に比較して低位にある状況を改善する」と改められ、離島の特殊性および後進性への言及が削除されている。そのうえで、「離島の地理的及び自然的特性を生かした振興」、「地域における創意工夫」、「離島の自立的発展を促進し」など、離島の「主体性」と「自立性」が強調されている[4]。これは、すでに序章で見た「五全総」以降の日本政府の地域社会への姿勢を受けているものと考えられる。これまでの補助金による援助ではなく、新自由主義にそくした「主体的」かつ「自立的」に地域振興を果たすことを求める姿勢である。この傾向は、六回目の延長にも引きつがれていく。

1-2 全国の離島の概要

第2節で詳しく見るが、離島には「環海性」、「狭小性」、「隔絶性」の三つの不利な特徴がある。海に囲まれており、面積および社会規模が小さく、本土の中心的な都市部から距離的にも、交通手段としても離れているという特徴である。もちろん、多様な離島のなかには例外も多く存在するが、離島の一般的特徴を示している。離島の多様性に目を向ける前に、ここでは、統計データをもとに、離島の一般的な特徴を見ていくことにする。[5]

日本の指定離島のうち、住民基本台帳で住民登録されている離島は三〇五島ある。[6]うち「離島振興法」指定は二五六島、「奄美群島振興開発特別措置法」指定は八島、「小笠原諸島振興開発特別措置法」指定は二島、「沖縄振興特別措置法」指定は三九島である。[7]

これら有人離島の面積の合計は、約七五〇〇平方キロメートル。日本の国土の二%ほどでしかない。しかし、排他的経済水域確保の点で重要な役割を果たしている。最も大きな離島は八五五平方キロメートルの佐渡島であり、一〇〇平方キロメートルを超える離島は一五島ある。最も小さいのは長崎県五島列島の蕨小島で〇・〇三平方キロメートルであり、〇・一平方キロメートルに満たない島は六島、一平方キロメートルに満たない島は一〇〇島ほどである。離島全体としてみれば、面積が小さな島が多く、島の平均面積は二四・三平方キロメートルである。[8]

二〇一二年の人口は、六四万人、日本の人口の〇・五%でしかない。人口一〇〇人未満の離島は全体の三九%の一一八島、七〇%以上の二一六島では五〇〇人未満である。人口規模が小さな離島が多い。最大の人口をかかえるのは奄美大島の六万四〇〇〇人であり、人口が二万人以上の離島は一〇島ある。(9) これら一〇島だけで離島全人口の七割近い四〇万人が居住している。(10) また、これらの離島は、人口だけでなく、一〇〇平方キロメートル以上の面積をもつ大型離島である。このように、面積と人口から見ただけでも、大規模な離島は少なく、小規模な離島が大半を占めている。

行政区分で見ると、七〇市四五町二四村からなる。都市機能を有していることのひとつの目安となる市制が半数を占めていることが、意外に思えるかもしれない。しかし、離島だけで市制が完結しているのは、上記の大型離島八島にある八市だけである。それ以外の六二市では、本土側に市の中心部があり、市の一部として離島が存在しているというかたちになり、人口規模の小さい離島では、多くの面で本土に依存した状態であるといえる。

1-3 離島の共有する問題点

離島における一般的かつ最大の問題点は、「僻地」であるゆえの産業の限界と過疎化・高齢化である。人口を吸収する一定程度の規模の産業がないため、若年層が流出してしまう。人口の再生産がされないため、ますます過疎化・高齢化が進展する。その結果、産業振興も困難となる。この悪循環は、離島だけではなく中山間地域など「僻地」といわれる地域が共通して抱える問題であるが、とくに離島において強く現れている。

過去、多くの離島では、ある程度の自給自足生活が営まれていた。交通が不便なために、自分たちで必要な農作物を作り、魚をとり、日々の生活を送るといった生活スタイルが、ほかの地域と比べれば顕著であった。しかし、そのような生活を現在でも送ることは困難である。病気治療や子供の就学にはお金が必要であり、離島に住んでいても、自動車や電化製品をはじめ、さまざまなものが必要である。買い物やレジャーのために、島の外に出る必要もある。もはや、自給自足で成り立つ世界ではなくなっている。そのため、望むと望まざるとにかかわらず、現金収入のための職を求めて離島を離れざるをえないのである。

すでに見たように、二〇一二年の離島の人口は六四万人である。離島の人口は、戦後の引揚者によって増加した一九五五年の一三〇万人から年々減少し、半分以下になっており、過疎化がいちじるしい（図2−1）。離島四法のうち、沖縄や奄美など三つの特別措置法を合わせたものを「その他の法」と呼ぶが、その他の法指定離島では、離島振興法（グラフでは「離振法」）指定離島に比べ、減少幅が小さい。なお、その他の法指定離島の数は全離島の一六％の四九島であるが、人口からみると、二五万人と約四〇％を占め、島ごとの人口規模が大きい。

離島の六五歳以上高齢化率は、三一・三％と全国平均の二二・八％よりはるかに高い。離島振興法指定離島では三五・四％となり、さらに高くなる。またグラフからは、一九六五年ごろには全国平均と大差はなかった高齢化率が、年を経るごとに差を広げていることがわかる（図2−1）。一五歳以下年少率に関しては、全国の一三・二％に比べ、一三・三％であり、ほとんど変わらない。出生率の高い沖縄の影響である。この沖縄などが除かれる離島振興法対象地域では一一・五％と少なくなるが、

図２－１　人口増減指数・高齢化率推移

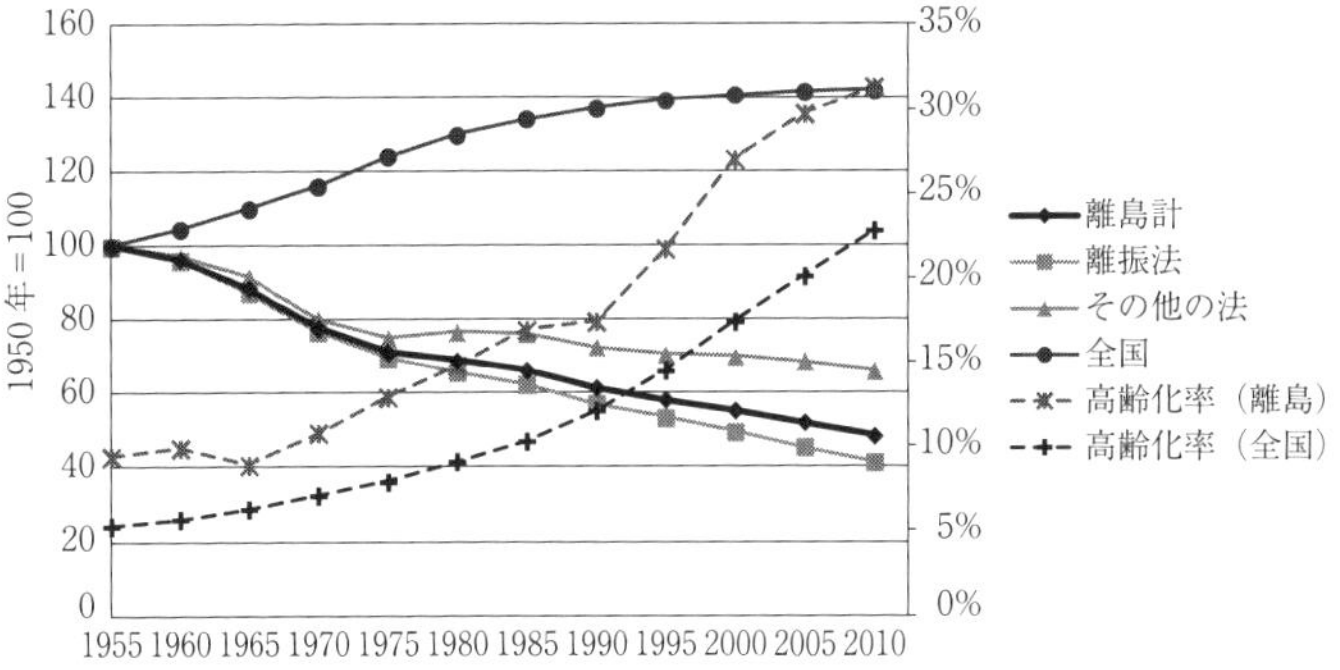

出典）全国は国勢調査より作成。

出典）離島の人口増減は『離島統計年報』より作成。元データは国勢調査。

出典）離島の高齢化率は、1985年までは離島振興30年史編纂委員会（1989：247）より、それ以降は各年の『離島統計年報』より作成。元データは国勢調査。

注）1985年までは、その他の法を除いた高齢化率。

注）1960年までは60歳以上高齢化率、それ以降は65歳以上高齢化率。


高齢化率ほどの開きはない。離島全体でみると、高齢者の比率は高いが、子供の比率は大きく変わらないということになる。また、とくに一〇代後半から四〇代前半の生産年齢比率が低いことも離島の特徴としてあげられる（図２－２）。

ただ、離島全体ではなく、島ごとの高齢化率、年少人口の比率の平均からは、別の側面も見えてくる。この場合、高齢化率の平均は五〇％近く、年少人口の平均比率は一〇％に満たなくなる。高齢化はより進んでおり、子供の数はより少ない。先に見た都市機能を有する大規模離島の存在が離島全体のデータを見えにくくしているが、離島ごとの高齢化率の平均データからは、高齢化、少子化している離島が多く存在していることがわかるのである。

現在の離島の産業就業者の構成は、第一次産業二一％、第二次産業一五％、第三次産業六二％となっている。全国と比較すると、第一次産業従事者が五倍と高く、第二次産業は六割ほどと低く、第三次産業は全国の九割強と若干低い程度である（図2－3）。ほかの産業の発展が望めず、第一次産業にしか頼れないでいる「僻地」の実情が読みとれる。[11]

より細かく産業分類別就業者数の割合を全国との割合を比較すると、第一次産業では農業が一三％と、離島では最も就業者数が多い産業であり、全国比でも四倍弱と高い。また、漁業就業者は七％であり、全国比で二四倍とたいへん高い。海に囲まれている「環海性」の立地を生かして漁業従事者が多いことが見てとれる。[12]しかし、現在日本では、第一次産業の収入はいちじるしく悪化しており、困難な状況にあるといえよう。農業に関しても、面積の「狭小性」ゆえに小規模農業が多く状況は厳しい。さらに、遠隔地にある離島では、農業も漁業も輸送コストが高くつくため、島内消費以外での競争がむずかしくなっている。

第二次産業では、全国比で製造業が三割ほどと少なく、建設業は一・三倍と多い。離島では、「隔絶性」という条件から、瀬戸内海の離島などの例外はあるが、大規模な製造業を成り立たせることは困難である。それに対し、建設業の多さからは、公共事業にたよる離島のすがたが見えてくる。建設業は全就業者の一〇％と高い。UターンやIターンの受け入れ先となっている重要な産業でもある。しかし、現在の政府の構造改革路線、地方の自立を求める方向性によって、公共事業費は削減されつづけている。就業者数の割合で見ても、一〇年前の二〇〇〇年の一三％から減少している。建設業は斜陽産業となり、困難な局面を迎えている。

第三次産業のなかで、最も目を引くのは、公務（他に分類されないもの）と複合サービス業である。公

図２－２　年齢別人口構成（2010年国勢調査）

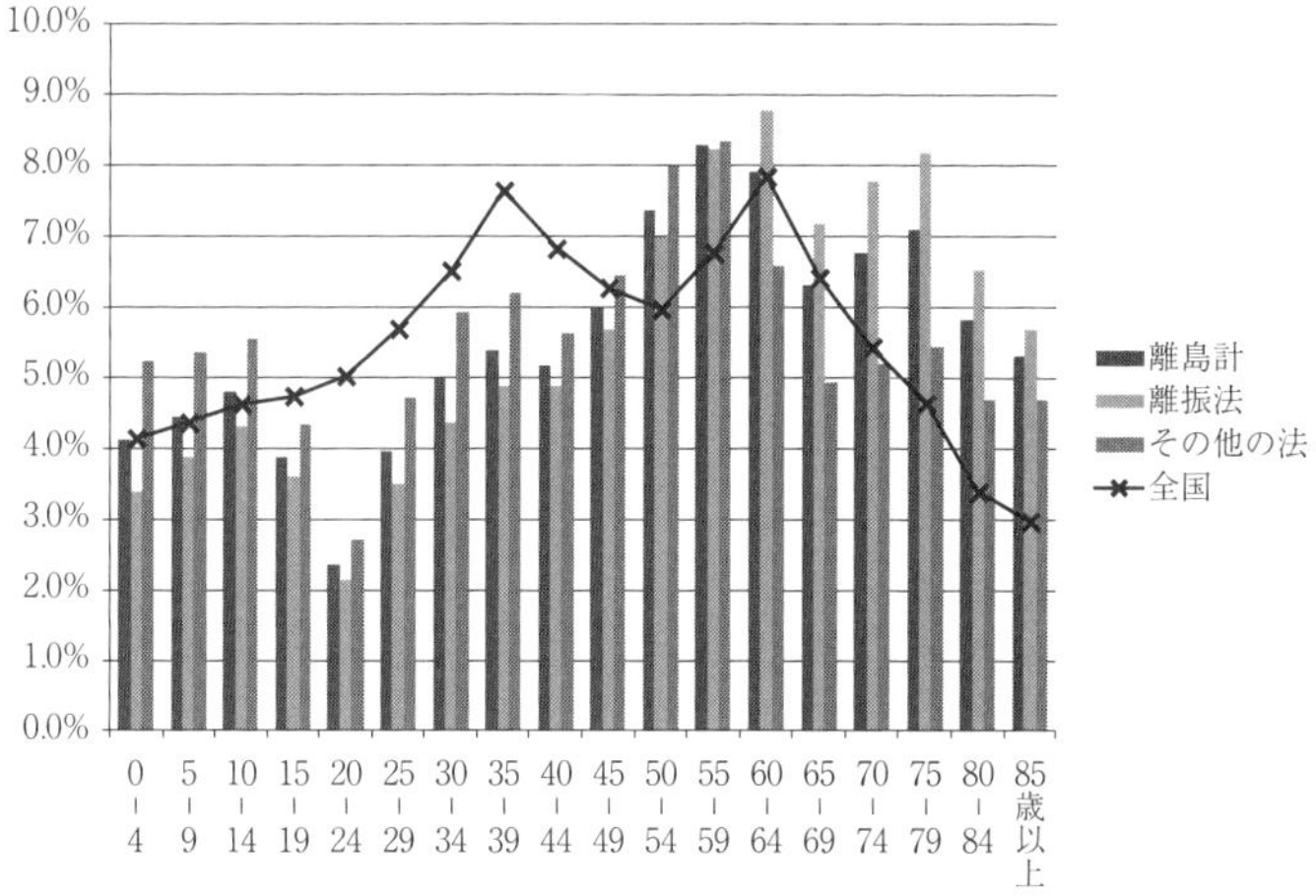

出典）『離島統計年報』より作成。元データは国勢調査。

図２－３　産業分類別就業者人口推移

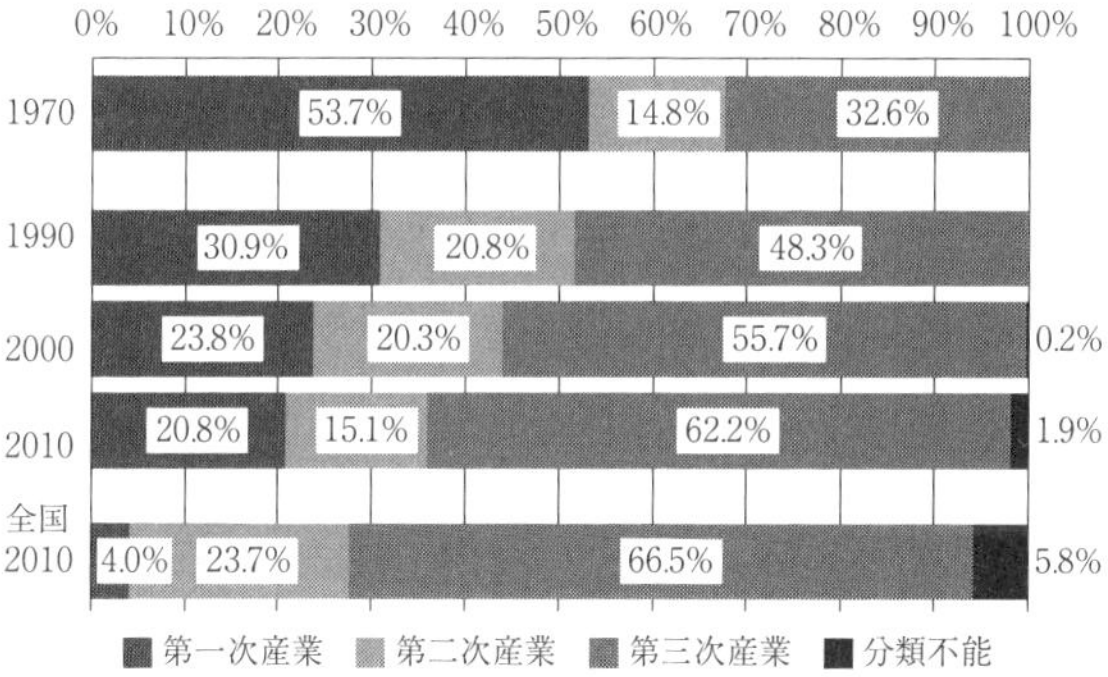

出典）全国は国勢調査より作成。
出典）離島の1970年は離島振興30年史編纂委員会（1989：251）より、それ以降は各年の『離島統計年報』より作成。元データは国勢調査。

務は、全就業者の七%であり、全国と比べ二倍である。また、農協などの複合サービス事業も、就業者数は二%ほどであるが、全国比で三倍以上と多い。離島では、公務員や農協職員が最も人気のある安定した職業であり、建設業と同様にUターン者、Iターン者の受け入れ先にもなっていることが多い現状を表している。ほかのサービス業に関しては、市場規模の小ささを反映して、全般的に低めである。

ついで、離島の産業構成の変遷を見てみる。一九七〇年には、第一次産業五四%、第二次産業一五%、第三次産業三三%であった[13]。第一次産業の衰退、第三次産業の伸びが見てとれる(図2-3)。もっとも、これは全国に共通した産業構造の変化による現象である。都市部と異なり、離島などの「僻地」に共通しているのは、第三次産業の就業者数が大幅に伸びているのではなく、緩やかに増加しているにすぎないことである。図3-2からは第三次産業が増加しているように見えるが、過疎化のため就業者数が減っているため、それほど増加しているわけではない。むしろ、過疎化にともない第一次産業就業者が減少しているのが現実のすがたである。年をとったために、農業や漁業をやめる。農業や漁業は仕事がきつく収入が少ない、また離島の「隔絶性」ゆえに輸送コストが余計にかかり、その分収入が減る。このために後継者が少なく、従事者が減っているのである。

第一次産業の日本社会の構造的な低収入と後継者不足による衰退、「隔絶性」ゆえの製造業発展の困難、政府の方針転換による公共事業の減少、これらのことは離島の産業を直撃している。そのため、ほかの産業の発展に期待がもてないなか、「自然」しか資源のない離島でも成立する可能性のある観光開発に望みを託している行政機関は多い。

1−4　離島における観光

二〇一〇年度の離島への観光客総数は、延べ一〇七三万人、宿泊者数は延べ五六七万人であった[14]。この観光客数は、同年度の国内宿泊旅行者数の延べ一億七〇〇〇万人の三％ほど、海外旅行者数の延べ一七〇〇万より少なく、それほどの数ではないように見える[15]。しかし、離島の人口規模から見ると、人口の一五倍以上の人が訪れ、八・六倍の人が宿泊していることになる。なかには、沖縄県の竹富島のように三〇〇人の人口に対して三六万人と一〇〇〇倍以上の観光客が訪れる島もある。竹富島は極端な例だが、人口の一〇〇倍以上の観光客が訪れる島は四〇島近い。また、東京都の式根島では、五三二人の人口に対し延べ七万人以上の宿泊者数と、人口の一〇〇倍以上の人が宿泊している。人口の五〇倍以上の延べ宿泊者数がある島は二〇島ほどある。めだった産業のない離島にとっては、観光による経済効果は大きい。

長期的に見ると、離島への観光客は一九九一年以降、波はあるものの減少しつづけている。とくに「離島振興法」指定離島の減少はいちじるしい。いっぽう「その他の法」の指定地域では、沖縄観光が順調に伸びていたために二〇〇五年までは増加していたが、近年では減少気味である。もっとも、この傾向は沖縄だけでなく、日本全体の観光産業の低迷と連動したものである（図2−4）。

離島観光は、一九七三年にピークを迎えている。データの都合上沖縄などのその他の法指定離島が含まれていないにもかかわらず、一八三四万人と現在の倍近くの人々が離島を訪れている。この背景には、一九七〇年のディスカバージャパン・キャンペーンによって起こった離島ブームの影響がある。

詳細については第3章で見るが、ディスカバージャパン・キャンペーン以降、既存の有名観光地ではないところに人々が向かうようになった。それまで、ほとんど観光客の訪れなかった離島にも、多くの人が訪れたのである。しかし、一九七三年一〇月に起こったオイルショックによる不況のため、離島に出かける人は減少し始め、離島ブームも収束に向かっていった。

離島観光の問題点として、しばしば指摘されるのは、季節による観光客数の変動と離島ゆえの交通コストの高さである。このことは、第3章で、隠岐諸島西ノ島の現状に即して見てみるが、ここでも概観しておこう。季節による観光客の変動であるが、夏に多く冬に少ない傾向がグラフからわかる。とくに全国と比べ夏に多いことは、夏の盆休みに観光客が集中することもあるが、離島観光のアトラクションとして海が重要なことも反映している（図2－5）。

さらに、この季節変動には地域差が現れている。冬場の寒さが厳しく、海の荒れる北海道の六つの離島では、夏場に六割ほどが集中し、冬場には三％ほどしか訪れない。同様の傾向は、冬場に海が荒れる日本海でも見られる、本書であつかう島根県隠岐諸島でも、半数は夏場に訪れ、冬場には四％ほどと少ない。そのため、年間を通した安定収入を得ることがむずかしい。いっぽうで、多数ある沖縄県の離島では、四季をとおしての変化は少ない。

また、時化や台風などの気象条件による欠航が発生しやすいことも離島観光の問題点としてあげられる。さらに、離島だけに限ることではないが、自然資源が最大のアトラクションであるゆえに、天候が悪いとアトラクションの魅力が激減することも問題点である。天気が悪いときには、観光客ので

図2－4　観光客数推移

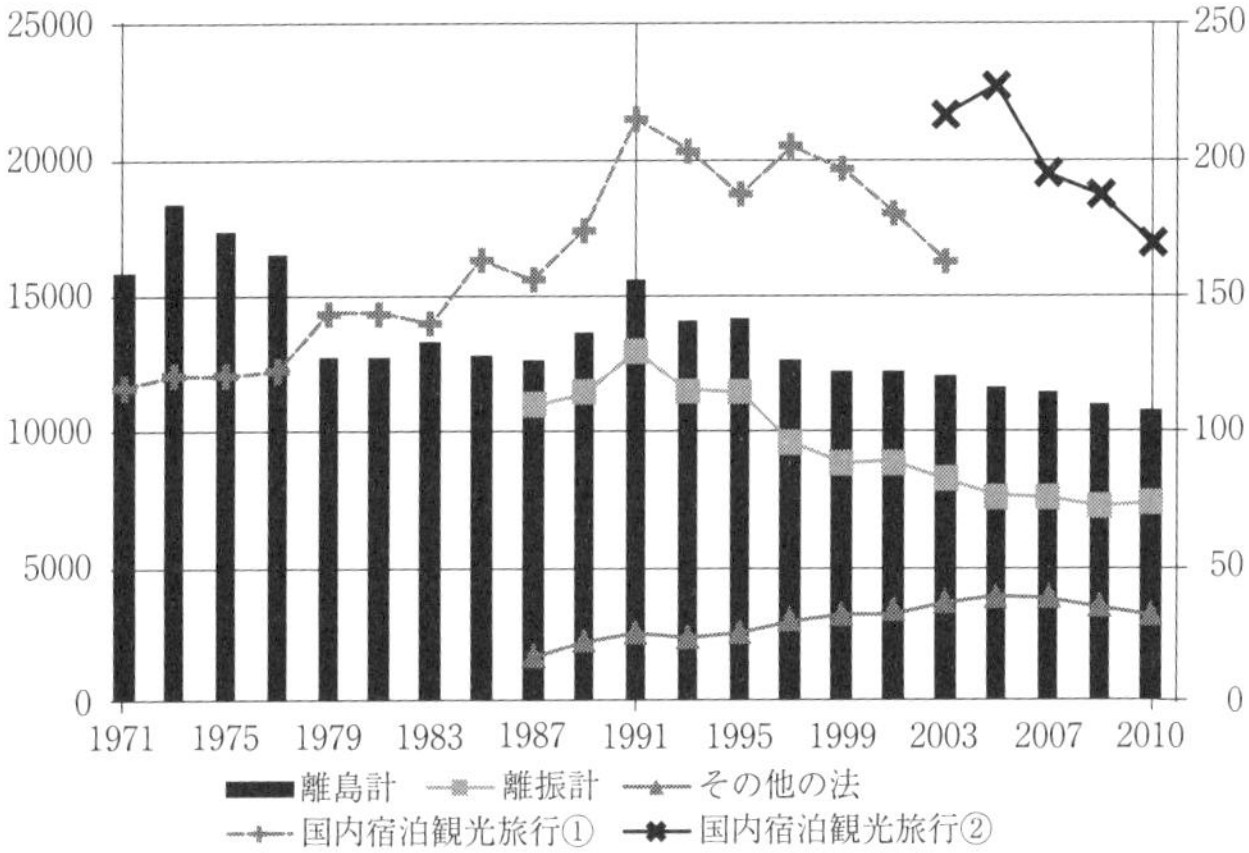

出典）離島は観光客数。1985年までは離島振興30年史編纂委員会（1989：296）、1987年以降は各年の『離島統計年報』から作成。
出典）国内宿泊観光旅行数は各年の『観光白書』より作成。なお、1978年までは修正値である。また、2003年から基準が変更されているため、国内宿泊旅行②と表示した。修正値および基準変更などに関する詳細は第3章の2－1を参照。
注）1985年までの離島観光客数（離島計）は、その他の法を除いたもの、つまり離振計である。
注）1989年以降は離島計、離振計ともに与島は除いている。

図2－5　四季別観光客環割合

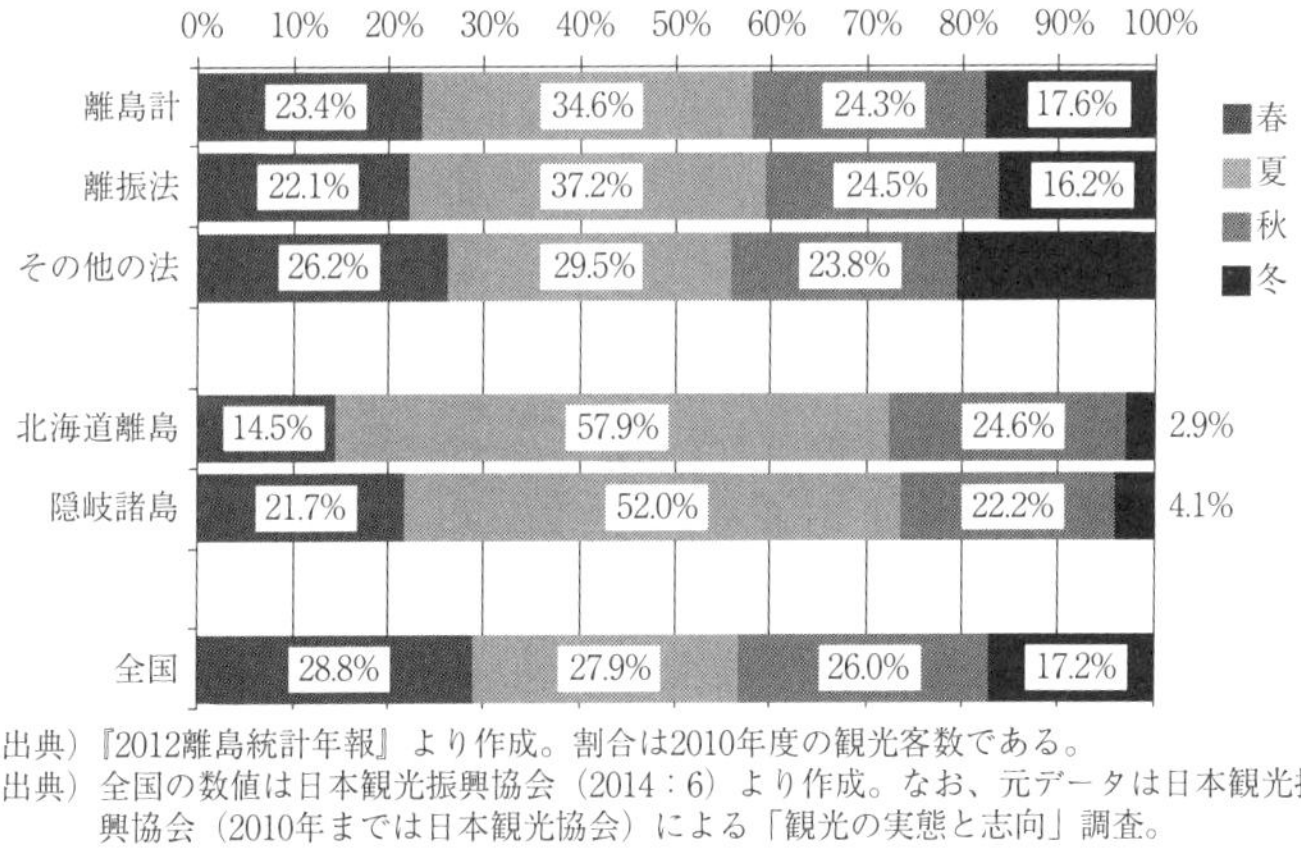

出典）『2012離島統計年報』より作成。割合は2010年度の観光客数である。
出典）全国の数値は日本観光振興協会（2014：6）より作成。なお、元データは日本観光振興協会（2010年までは日本観光協会）による「観光の実態と志向」調査。

きることは極端にかぎられる。

次に、離島ゆえの交通コストの高さの問題である。離島は、海に囲まれているために、船舶もしくは航空機を利用しなければならず、これらの運賃の高さは離島観光を不利にしている。くわえて、この交通コストの高さは、運賃以外の面でも現れる。ホテルや旅館などの建築資材、宿で提供する食材、燃料などあらゆる面で運送経費が余計にかかるため、料金の高さ、設備の見劣りとなって現れることとなる。とくに遠隔地にある離島では、この傾向が顕著である。海外旅行の料金が安くなっている現在、離島への観光は近場の海外よりも高くつく。離島観光の割高感は否めないのである。

以上、全国の離島のおかれた現状についてデータに基づき概観してきた。以下では、この現状を踏まえたうえで、離島の「日常生活」と観光との関係をとらえるために、これらの多様な離島についていくつかの分類を試みたい。

2　離島のタイポロジー

2－1　離島の定義と「離島性」

国土交通省による離島の定義は、すでに見たように、本州、北海道、四国、九州、沖縄本島以外で、これらの島と橋などで陸続きになっていない島である。離島研究でも、この定義を利用しているものが多い。しかし、一見してわかるように、この定義によれば、ほとんどすべての有人島が離島と規定されることになり、あまりに広範囲である。逆にいえば、離島の多様な特徴を削減してしまうことにもなる。

本書で課題とする離島観光のケース・スタディでも、社会規模や本土との距離があまりにも多様である場合、社会規模や距離による影響と、観光がもたらす影響との区分がつけにくくなり、離島であるからこそ直面する現実が見えなくなる恐れがある。そのため、本書では、離島をもう少し限定的に考えたい。

ここでは、1-2で見た離島の不利な特徴である「環海性」、「隔絶性」、「狭小性」に注目して考えてみたい。くりかえしになるが、海に囲まれていること、距離的にも交通手段としても本土の中心部から離れていること、面積が狭く、人口が少ないために社会的規模が小さいということである。島であれば、海に囲まれているのは当然なので、後者の二つに注目する[16]。

制度的な側面からの規定を見ると、一九七三年の二度目の離島振興法延長にあわせ、同年七月に策定された第三次離島振興計画のなかでは、以下のように離島を類型化し、振興政策の目標が示された。そこでの類型は、「内海・本土近接型離島」、「外海・本土近接型離島」、「群島型離島」、「孤立大型離島」、「孤立小型離島」の五類型である。この分類は、距離と人口規模に基づいて決定されている。二つの「本土近接型離島」とは、「本土にある中心的な都市から航路一時間圏内と考えられる離島」であり、本土からの距離が近いものである。さらに、外海と内海に分けられているが、定期航路の整備や架橋によって、本土の都市へのアクセスが容易になり、離島性が軽減・解消されうるものである

（離島振興30年史編纂委員会、一九八九、八一－八三頁）。一九六八年の第一次指定解除以降、離島指定が解除されているのは、これらの島々であり、比較的解決が容易なものであろう。これらの島は、以下の類型と比べると、その近さゆえに離島の特徴である「隔絶性」が低いといえる。

ほかの三類型は距離が遠く、本土へのアクセスが困難な離島であり、「群島型」と「孤立型」に分けられている。「群島型離島」は、「群島の中心的な離島（群島主島）」とそれ以外の「群島属島」からなり、群島主島に都市機能をもたせれば、離島ゆえの困難が解消されうるものである。孤立型は、人口規模五〇〇〇人以上のものを「孤立大型離島」、それ以下のものを「孤立小型離島」と呼ぶ。離島振興計画のなかでは、「孤立大型離島」は、群島主島同様に都市機能をもたせることにより離島性の解消が可能であるとされている（離島振興30年史編纂委員会、一九八九、八一－八三頁）。

本書でとりあげる西表島を含む八重山諸島は「群島型離島」の典型である。群島主島である石垣島には本土並みの都市機能があるために、大幅に不便さが解消されている。石垣島が中心都市となることにより、「隔絶性」および「狭小性」が解消されているのである。

これら、「隔絶性」と「狭小性」の点から考えると、都市機能をもつほどの規模をもたない「狭小性」の高い島で、なおかつ、本土もしくは石垣島のような島の中心都市から一定以上の距離にある、つまり、「隔絶性」の高い島を「離島」としてとらえておくのが、離島の特性がわかりやすい規定であると思われる。

さらに、この「隔絶性」と「狭小性」という特徴が、離島の日常生活を規定していると考えられる。

離島と全国の中山間地域など他の「僻地」との大きな違いは、経済や政治の中心地となる地域から海を隔てた場所にある点であり、またその社会の規模が島のサイズに限定される点である。そこで、本書では、この「隔絶性」と「狭小性」の強度から「離島性」という概念を構成し、離島を分析し類型化する際のひとつの指標としたい。

2-2 「離島性」の強度

周防大島出身の民俗学者であり、離島行政にも深く関わった宮本常一は、離島を「四周を海にめぐらされて地域的にはある独立性を持ちつつ、社会経済的には本土へ何らかの形で従属的に結びつかねばならない運命を持った世界」(宮本、[一九六〇]一九六九、一七頁)と定義している。ここで指摘されているのは、離島社会のもっている一定の「独立性」であり、それにもかかわらず、本土に対する「従属(性)」をもつ離島の特徴である。宮本の提起する「独立性」および「従属性」は、日常生活の視点から「離島性」を分析するうえで重要な示唆を与えてくれる。宮本の意味したこととは離れるかもしれないが、この点から考えてみたい。

離島での生活は、現在の世界のなかでは「独立性」の高いものではない。極端に「隔絶性」が高く、物流が閉ざされ、自給自足生活を余儀なくされていた過去の時代と比べ、現在では、商店に並べられている商品の多くは、島外から来たものであり、生活は島外の経済活動がなければ成り立たない。もちろん生産される物品も島外に販売されていく必要がある。「隔絶性」を帯びた離島であっても、世界経済の流れのなかで孤立して存在しているわけではないのである。この意味では、離島の島外への「従属性」は高く、社会の「独立性」が高いといえるわけではない。

しかしながら、現代社会の流通制度といった経済的側面を離れ、離島の日常生活という面に目を向けると状況は一変する。学校や病院、あるいは買物や人とのつきあい、さらにはレジャー活動の場面でも、離島の人々にとっての日常生活は島内に限定される。「隔絶性」の低い島では島外との往来が容易であり、日常的に島外に出ることも多い。いっぽう、「隔絶性」の高い離島では、日常的に島外に出ることは少ない。交通の便が悪いため日帰りが不可能で、往復するのに数万円かかる場合、島外への移動は特別な場合にかぎられ、生活を島内で済ませる必要がある。生活に関連した社会関係は島内に限定されており、それゆえ離島においては、日常生活レベルでの「独立性」が高くなるのである。

さらに、一つの離島だけで日常生活が完結しているため、その社会は限定的なものとなり、社会の「狭小性」が生じる。数万人規模の人口をもち市制都市を形成するほどの規模の島では、本土の地方都市とさほど変わらない社会規模であるため、社会の「狭小性」はいちじるしく低い。時間やコストの面で制限されているために島外に出ないのではなく、とりたてて必要がないため島外に出ないのである。逆に、数人、数十人単位の島では、人口規模が小さすぎるため、社会の完結が困難である。日常生活を送るために島外へ出る必要がある。つまり、日常生活レベルで見ると、いちじるしく「狭小性」の高い島は、島外社会の一部となるため「独立性」が低くなり、かえって社会の「狭小性」は低くなるのである。

このように考えてみると、日常生活のレベルでの「離島性」は、「隔絶性」に関しては高ければ高いほど高く、「狭小性」に関しては、低すぎることも、高すぎることもない島であれば高くなる。つまり、時間やコストの面で島外への行き来が制限されており、日常生活における必要最低限の機能を果たせる「独立」した社会規模である島が「離島性」の高い島である。本書であつかう離島の人口規模は、千数百人から三千人ほどであり、その社会規模は、数万人規模の市制都市をもつ離島でもなく、数人、数十人レベルの「独立性」のもてない離島でもない。一つの「独立性」の強い社会が成立する規模と考えられる。いっぽう「隔絶性」については、市制都市まで週帰りしかできない小笠原諸島父島から、日帰りが可能なうえ、八時間ほど滞在可能な西表島まで差は大きい。

この「隔絶性」を考えるうえで、離島地理学者である宮内久光による中心都市への滞在可能時間のデータは有用である。宮内は、二四九の離島を対象に市制都市および県庁所在都市への滞在可能時間を測定している。市制都市は、高等学校、医療施設など「離島住民が日常生活で必要な財やサービスを、複数の施設の中から選択できるレベルの場所」とされている（宮内、二〇〇一、一二三頁）。この中心都市は、石垣市などのように離島のなかにも存在している。

宮内は、午前五時に出発し午後一二時に帰る一九時間の間に、どのくらい中心都市に滞在できるか、その時間を測定している。それによると、市制都市に滞在可能な時間は、平均六時間四七分、中央値は七時間二五分である。また、一〇時間以上滞在できる島は二一％であり、半数弱の島が八時間以上、七〇％以上の島が五時間以上滞在することができる。いっぽうで、日帰りが不可能な離島も、一三％

表2－1　市制都市での滞在可能時間別離島数

滞在可能時間	島数	%	累積%
14時間以上	3	1.2%	1.2%
13時間以上14時間未満	3	1.2%	2.4%
12時間以上13時間未満	9	3.6%	6.0%
11時間以上12時間未満	13	5.2%	11.2%
10時間以上11時間未満	25	10.0%	21.3%
9時間以上10時間未満	28	11.2%	32.5%
8時間以上9時間未満	33	13.3%	45.8%
7時間以上8時間未満	23	9.2%	55.0%
6時間以上7時間未満	24	9.6%	64.7%
5時間以上6時間未満	14	5.6%	70.3%
4時間以上5時間未満	18	7.2%	77.5%
3時間以上4時間未満	7	2.8%	80.3%
2時間以上3時間未満	9	3.6%	83.9%
1時間以上2時間未満	3	1.2%	85.1%
0分以上1時間未満	4	1.6%	86.7%
滞在不可能	33	13.3%	100.0%
合計	249	100.0%	

出典）宮内（2001）のデータより作成。

存在している（宮内、二〇〇一、表2－1）。

この滞在時間のデータは、日常生活から離島の生活を考えるうえで、「隔絶性」の強度をはかる有効な指標である。当然ながら、長時間滞在できるほど「隔絶性」は低くなり、滞在不可能であれば高くなる。本土への交通費などほかの要因にもよるが、長時間滞在できる島では、島外への通勤や通学が可能であり、通院や買い物などの日常的な活動のために容易に島外に出られる。その場合、日常生活において本土の存在が不可欠になるため、「独立性」は低いものとなり、社会の「狭小性」も低くなるのである。

2－3　「観光依存度」の強度

離島にとっての観光産業の重要性については、前節の概説のなかでも触れたが、「離島性」についで、観光への依存度という視点から、「離島」の特徴について見ていきたい。一概に、観光の成否を「隔絶性」だけで決定することはむずかしいが、少なくともマス・ツーリズムが成立するか否かは、「隔絶性」に関連している部分が大きい。「離島性」のうちの「隔絶性」の高さは、島民にとっては島外への移動の障害となるが、同様に、観光客にとっても離島への移動を困難にするからである。都市部から一時間もかからず到達でき、便数も多く、運賃も安い島、つまり「隔絶性」の低い島であれば、マス・ツーリズムが成立しやすい前提条件をもっている。いっぽう、往復するだけで何時間も要し、便数も少なく、コストも高い離島は、当然のことながらマス・ツーリズムの成立は困難である。

マス・ツーリズムが成立し、多くの観光客が来島するようになると、「隔絶性」は低下する。観光客が増加すれば、その便宜のために航路の便数は増加し、運行時間帯も長くなる。船舶や航空機といった輸送機関は多くの観光客を運ぶために大型化し、移動時間縮小のために高速化する。さらに、運賃が安くなることもありうる。その結果、中心都市からの「隔絶性」は縮小し、島民の生活も改善される可能性が生じるのである。反対にマス・ツーリズムが成立しない離島では、そのような恩恵を受けることができず、相対的に「隔絶性」が高まり、「離島性」も高まる。マス・ツーリズムの成否は、「隔絶性」の縮小拡大に大きく関わっているといえよう。

しかしいっぽうで、「隔絶性」の縮小は、通過型観光を増大させる。交通が便利になれば観光客の数自体は増加するが、その場合の観光客とは、ただ名所旧跡をめぐって通りすぎるだけであることが多い。通過型観光では、地域社会における経済効果は薄い。それどころか、観光客が増えることで、離島の魅力である自然環境に負荷がかかり、島にとってマイナスに作用してしまうこともありうる。この状況は、通過型マス・ツーリズムの弊害といえるものだが、離島であってもこの弊害は十分に現れる。先に見た第三次離島振興計画の「本土近接型離島」だけでなく、「群島型離島」の「属島」にも、この問題は発生しやすい。宿泊をともなった観光旅行だとしても、本土や「群島型離島」の「主島」に宿泊してしまうからである。

この通過型マス・ツーリズム対し、宿泊と体験をともなった「体験交流型観光」は、地域社会に対する経済的効果が高いため、観光開発を進める行政機関などによって、しばしば提案される型の観光形態である。この観光形態は、「隔絶性」の高い離島で成立しやすい。とくに日帰りが不可能な離島では、宿泊する必要があり、その分、時間的な余裕もあるため、体験交流型の観光が発展する可能性をもっている。

さらに滞在型の観光では、直接収入による経済効果や波及効果が望めるだけでなく、多くの雇用が創出される。宿泊施設、飲食店などの雇用、体験型活動を行なうための雇用などである。さらに、したがって、滞在型の観光が成り立っている地域では、宿泊施設などの観光関連施設が多く、観光関連従事者の数も多い。この割合が高ければ高いほど、観光に対する依存度が高いことになる。

「離島性」が高い離島では、一般に産業が成り立つことが困難である場合が多い。すでに見たように、市場となる地域から「隔絶」しているための輸送コストの高さ、社会規模が「狭小」なため市場が十分でないためである。その島において、なんらかの産業が主要産業として成立していれば、観光産業の開発に大きな情熱を注ぐ必要はないだろう。しかし拠点となる中心産業が成立困難な場合には、観光産業を主軸とした経済活動を確立していくことが重要な選択肢のひとつとなり、結果として観光に経済活動が依存することになる。

観光への依存状況は、「離島性」の強度とは無関係に生じる。かならずしもマス・ツーリズムが成立しない「隔絶」した離島でも、観光が主要産業となることがありうるということである。とくに、ほかの産業が発展していないほど、その傾向は高まる。本書の目的は、エコツーリズムをとおして離島を見ることにあるため、この「観光依存度」を、「離島性」とともに座標軸として設定し、離島を分類してみたい。なお、分類の際に詳しく見るが、「観光依存度」の指標については、観光成立の前提条件となる観光の規模、および就業構造から見た観光依存度の二つの条件を見ていきたい。観光の規模としてのデータは、観光客数および宿泊客数であるが、島の人口規模を考慮して、人口一人当たりの数で比較する。次に、就業構造であるが、利用しやすい飲食店、宿泊業就業者数から見ていくことにする。

2-4 「離島性」と「観光依存度」による四つのタイポロジー

これまで述べてきた「離島性」の高低と「観光依存度」の高低を二つを指標軸として、クロスさせることにより、四つの類型を出すことができる（図2-6）。第一類型①にあたるのは、両者とも低い離島とする。第二類型②は、「離島性」が低く、「観光依存度」が高い離島であり、第三類型③は、両者とも高い離島である。第四類型④としては、「離島性」が高く、「観光依存度」が低い島としておく。この分類に従って、本稿の対象である四島を位置づけてみる。なお、島ごとの具体的な数値は、表2－2にデータを示しておいた。

「離島性」の具体的な指標としては、先述した「市制都市での滞在可能時間」に関する宮内の研究データを参考にする。ただし、この区分を、実際の離島の分類に適用する場合、ひとつ注意が必要である。離島四法指定の離島全体を分析対象とする場合、先の宮内による滞在時間の長さを指標とした「離島性」の平均値は、かなり近距離側による。しかし、本書の射程は、離島の全体像から離島を見ることではなく、日本の周縁地域といってよい「離島性」の高い地域からエコツーリズムを読み直すことにある。そのため、本書では「離島性」の高い離島を、日帰り不可能な離島においておきたい。

宮内の「中心都市での滞在可能時間」データでは、それぞれの島における近隣都市を確定する必要がある。本稿の調査対象地の場合では、隠岐諸島西ノ島では本土にある鳥取県境港市もしくは島根県松江市、八重山諸島西表島では群島の中心である石垣市、小笠原諸島父島では本土にある東京都港区、南大東島では沖縄本島である那覇市がそれぞれあげられる。これらの都市へは、西表島では、石垣島での滞在可能時間が八時間一五分と全体平均よりも長く、「離島性」は低い。これは宮内も指摘しているように、観光開発のため高速船が導入され、本数も多く運行時間帯も長いためである（宮内、二〇〇二）。父島と南大東島では日帰りが不可能で「離島性」が高い。絶対的な距離の遠さ、「隔絶性」がその主な要因である。西ノ島であるが、宮内のデータによれば都市滞在時間はわずか三〇分であり、

「離島性」は低いことになるが、現実問題として日帰りすることは考えられず、むずかしいところである。

さらに「離島性」を考えるうえで重要な中心都市への移動コストについてみると、それぞれの中心都市までの往復運賃については、西ノ島は六四八〇円、西表島は港により三六〇〇円から四七二〇円である。いっぽうで、南大東島では航空路利用で五万円以上、船舶利用では一万円強だが、便数も少なく時間もかかる。また、父島では、便数も少なく時間もかかる船便しかなく、料金も五万円以上と高い。そのため「離島性」は高くなっている。

図2－6　離島の四類型

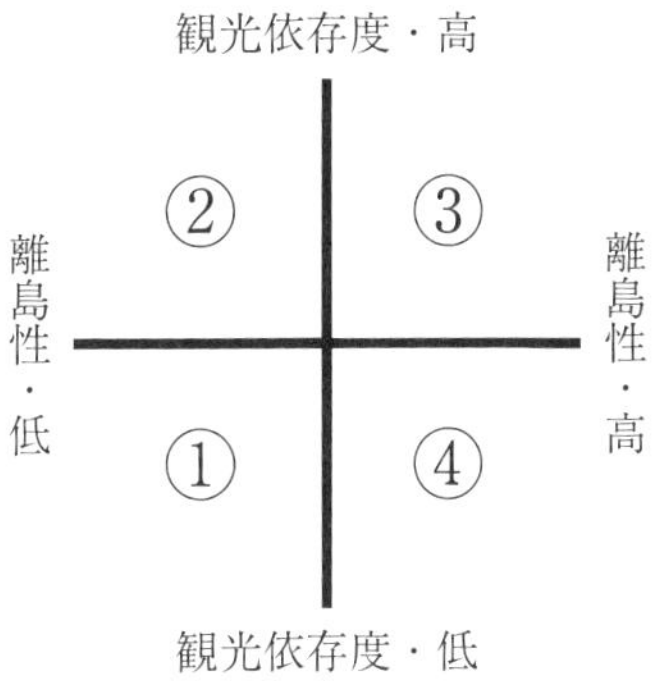

西ノ島について考慮してみたいことは、季節的な変動が大きいということである。三〇分というデータは冬季を対象としているもので、夏場に高速船を利用すれば、境港市もしくは隠岐諸島と行政的にはより関係の深い松江市に四時間以上滞在可能である。往復運賃は一万二三四〇円に上がるが、父島や南大東島の運賃および乗船時間と比べると、相対的に移動の障壁は少ない。これらのことから、西ノ島に関しては、相対的に「離島性」が低いことにしておく[17]。

次に「観光依存度」の軸に関して見ていくが、まずは、観光産業の成立条件となる観光客数である。これに関しては西表島の三〇万人が飛びぬけて高い。西表島は有名観光地であり、長

表２－２　調査地ごとの統計データ表

	西ノ島	西表島	父島	南大東島	離島全体	全国
人口（人）	3,136	2,219	1,880	1,442	636,811	128,057,352
高齢化率	39.5%	16.9%	9.7%	20.9%	31.3%	22.8%
年少率	9.4%	16.9%	17.6%	16.4%	13.3%	13.2%
面積（k㎡）	56.1	289.3	23.8	30.6	752,749.0	
国立公園面積（k㎡）	30.1	97.9	21.7	0.0	1,326.8	
国立公園割合	53.8%	33.8%	91.3%	0.0%	0.2%	
耕地面積（ha）	38.0	886.0	35.0	1,837.0	750,145.0	
耕地化率	0.7%	3.1%	1.5%	60.1%	11.7%	
第一次産業比率	18.5%	16.3%	7.2%	26.4%	20.8%	4.0%
第二次産業比率	12.7%	9.0%	15.7%	31.2%	15.1%	23.7%
第三次産業比率	68.5%	68.1%	76.9%	40.9%	62.2%	66.5%
就業者総数（人）	1,434	1,163	1,921	868	294,316	59,611,311
飲食店・宿泊業従事者数（人）	120	320	220	72	34,557	3,423,208
飲食店・宿泊業従事者比率	8.4%	27.5%	11.5%	8.3%	11.7%	5.7%
観光客数（人）	42,900	301,800	20,100	3,900	10,731,800	
人口一人当たりの観光客数	13.7	136.0	10.7	2.7	16.9	
年間延べ宿泊者数（人）	22,000	90,540	70,300	3,900	5,668,300	
人口一人当たりの年間宿泊者数	7.0	40.8	37.4	2.7	8.9	
宿泊率	51.3%	30.0%	349.8%	100.0%	52.8%	
旅館・ホテル（軒）	14	11	1	2	922	
収容能力	690	918	28	122	55,903	
民宿（軒）	12	33	62	2	1,872	
収容能力	175	618	992	34	41,972	
宿泊施設総数（軒）	26	44	63	4	2,794	
収容能力総数	865	1,536	1,020	156	97,875	
人口千人当たりの宿泊施設数	8.3	19.8	33.5	2.8	4.4	
人口千人当たりの収容能力	275.8	692.2	542.6	108.2	153.7	
アクセスに便利な近隣の市制都市	境港市あるいは松江市	石垣市	港区	那覇市		
航空時間（時間）				1:10		
航空回数（回）				日3		
航空運賃（円／片道）				25,600		
航路時間（時間）	2:10－3:00	0:35－1:00	25.5	15.5－17.5		
航路回数（回）	日2－3	日20ほど	6(3)日に1	月5－6		
航路運賃（円／片道）	3,240	1,800－2,360	26,350	5,690		
その他の航路時間（時間）	1:00－2:18					
その他の航路回数（回）	日1					
その他の航路運賃（円／片道）	6,170					

出典）アクセスに関するもの以外は、『離島統計年報』より作成。

注）父島の耕地面積には母島も含まれている。耕地化率に関しても合算したものである。

注）父島の就業者は母島も含まれている。

注）就業者の比率からは分類不能は除いてある。

注）離島統計年報によると、南大東島の旅館・ホテル数は72、民宿数は22となっているが、実際にはホテル２軒、民宿２軒。以前はホテル１軒100人、民宿２軒44人。

注）西表島の宿泊数に関しては、現在は公表されていないため、過去の宿泊者数から類推した。

注）アクセスに関しては、一般的なものだけに限定した。

年、離島の観光客数上位二〇位以内に入ってきた。人口一人当たりの観光客数でみても、一三六人と他の三島の一〇倍以上と際立っている。ついで、西ノ島の一三・七人、父島の一〇・七人、南大東島の二・七人とつづく。これらの数は、全離島の平均である一六・九人より少ない。

この数字だけ見ると、西表島のみが観光産業の成立条件を満たしているといえるが、宿泊者数も合わせてみると、滞在型観光の成否など別の側面も見えてくる。西表島の宿泊者数は、二〇〇四年から公表されていないため推定値であるが、三割ほどとすれば九万人であり、人口一人当たりの宿泊者数では、四〇人ほどとなる。[18]第4章で詳しく見るが、通過型マス・ツーリズムが多いことが、西表島観光の特徴としてあげられる。ただ、その絶対数が多いため、観光産業の成立条件を満たしている。

目につくのは、父島の宿泊者数の多さである。西表島と比べ、人口一人当たりの観光客は一割にも満たない一〇・七人であるが、宿泊者数では三七・四人と差は少ない。第5章で詳しく見るが、航路の関係で通過型観光は現実的でなく、最低三泊する必要があるためである。観光客は少ないが、延べ宿泊客が多いのが父島の特徴であり、観光産業の成立条件を満たしている。これらの島に比べると、西ノ島での人口一人当たりの観光客数、宿泊者数は、ともに全離島平均より少ない。また、南大東島に関しては両者とも二・七人と極めて少ない。これら二島は、相対的に見て観光産業の成立条件が弱いと見ることができる。

就業構造における「観光依存度」の指標である飲食店・宿泊業就業者の割合であるが、西表島が二八％と飛びぬけて高い。全離島平均が一二％であるので、相当な高率である。これに西表同様に観光産業の成立条件が整っている父島が一二％と続く。これら二島では、観光ガイドや土産物店など観光関連産業の就業者も多いため、就業構造における「観光依存度」が高いといえる。ついでながら、表にあるように人口一〇〇〇人当たりの宿泊施設数、宿泊施設の収容能力においても、この二島は高い値を示しており、観光産業への依存が高い状況を示している。

西ノ島と南大東島に関しては、飲食店・宿泊業就業者の割合は八％強と、ほぼ同率であり、全離島平均より低い。とくに南大東島は、人口一〇〇〇人当たりの宿泊施設数、収容能力でも全離島の平均より低く、宿泊施設は四軒しかない。数値データを離れ、島の状況から見ても、南大東島では島民向けの飲食店数が多くある。したがって、上記の観光客数などの観光成立条件と合わせてみても、就業構造における「観光依存度」は低いといえる。

それに対して西ノ島では、宿泊施設数、収容能力ともに、全離島平均の倍程度の数値である。西表島や父島には及ばないが、低い数字ではない。ただ、先に見た離島観光の季節性、とくに隠岐では夏場に観光客が集中する点からすると、別の側面も見えてくる。夏場のピーク時に合わせて、収容能力が高くなるということである。

「観光依存度」をはかるためには、その他の産業の成立状況もあわせてとらえておく必要がある。詳しくは各離島の章で見ていくが、南大東島では大規模なサトウキビ産業が、また西ノ島では漁業が成立している。これらの産業の存在意義は大きい。人口規模でいえば、さして大きくない島であるにもかかわらず、ここ二〇年ほどの記録でいえば、南大東島の農業生産高は、巨大な離島も含めた全離島中でも二〇位ほどであり、西ノ島の属人水揚げは上位二～三位、漁業生産高は一〇位くらいの順位を占めている。また就業構造の面でも、南大東島の農業就業者は二六％であり、全産業のなかで最も高い割合である。西ノ島では漁業就業者は一六％であり、医療福祉の一八％に次いで二番目に高い。これら観光以外の産業状況のデータもあわせて、ここでは、「観光依存度」が高い島として、西表島と父島、「観光依存度」が低い島として、西ノ島と南大東島に分類をしておきたい。

調査地に関する全般的なデータを見てきたが、これらを総合して考えると、先に記した四つのタイポロジーでいえば、第一類型①にあたる「離島性・低」、「観光依存度・低」の島として隠岐諸島西ノ島を、第二類型②にあたる「離島性・低」、「観光依存度・高」の島として八重山諸島西表島を区分できる。さらに第三類型③にあたる「離島性・高」、「観光依存度・高」の島として小笠原諸島父島、最後に第四類型④にあたる「離島性・高」、「観光依存度・低」の島として大東諸島南大東島をあてておくこととする。次章からは、この四つの類型の離島について、実証的に比較検討していくこととしたい。

注

（1）「離島振興法」（昭和二八年法律第七二号）は一九五三年七月二二日に公布、施行された。その後、米軍から日本への領土返還にともない、一九五四年六月二一日に「奄美群島復興特別措置法」（昭和二九年法律第一八九号）、一九六九年一二月八日に「小笠原諸島復興特別措置法」（昭和四四年法律第七九号）、一九七一年一二月三一日「沖縄振興開発特別措置法」（昭和四六年法律第一三一号）が公布された。なお離島振興法以外の法令題名は改正されているため、現行題名とは異なる。

（2）離島振興法の成立過程および変遷については、離島振興30年史編纂委員会（一九八九）、鈴木（二〇〇六、二〇〇七）などを参照。

（3）ほぼすべての島が離島として指定されたために、援助を必要としない島までが補助対象となり、真に援助を必要としている島への援助が手薄になったこと、このことが離島の振興上の問題であると、しばしば離島研究者は指摘している。高田（一九八五）などを参照。

（4）法改正による離島の役割変化と自立性強調については、鈴木勇次（二〇〇五）も参照した。

（5）現在の離島のデータは、『離島統計年報二〇一二』（日本離島センター、二〇一四）を利用した。また、時系列データについては一九九〇年から二〇一四年発行の『離島統計年報』のデータを利用した。本章における離島のデータは、断りがない限り、これらのデータからのものであり、煩雑さを避けるために、明記は最小とする。

（6）硫黄島のように国勢調査で居住が認められているのは、さらに四島ある。

（7）二〇一一年四月一日現在。

（8）面積に関する元データは、国土交通省国土地理院、全国都道府県市区町村別面積調（二〇一〇年一〇月一日）。

（9）これらの島は、人口の多い順に、奄美大島、佐渡島、石垣島、宮古島、福江島、対馬島、種子島、壱岐島、徳之島、中通島である。

（10）人口および年齢別人口の元データは、二〇一〇年国勢調査。

（11）産業分類別就業者数の元データは、二〇一〇年国勢調査。

（12）第3章で詳しく見るが、一般に離島では資本力が弱いため、小規模な漁業経営が多い。そのため周囲によい漁場があっても、本土資本の大規模かつ近代化された漁船がそれらの漁場から大きな利益をあげている。
(13) 一九七〇年代のデータについては、離島振興30年史編纂委員会（一九八九、二五一頁）を参照。
(14) 観光客数および宿泊者数は、『離島統計年報』による独自集計である。また、どちらの数値とも二〇一〇年三月から二〇一一年二月までの合計値である。詳しくは『離島統計年報二〇一二』を参照。
なお、離島観光客総数からは香川県塩飽諸島与島などは除いてある。二〇一〇年度の与島の観光客数は三六七万人と全離島観光客の二六％を占め、第二位である石垣島の七二万人の五倍とひじょうに多い。与島には瀬戸大橋が通っており、かつサービスエリアがある。このサービスエリアへの立ち寄り客などを観光客として数えているため、このような数字となっている。与島を含めると離島観光の現状とかけ離れた数値となるため、除外している。
(15) 国内旅行者数および海外旅行者数については、『平成二六年度観光白書』を参照。元データは、観光庁「旅行・観光消費動向調査」および法務省調査である。
(16) 環海性に関しては、大陸も含め、すべての陸地は海に囲まれていることから、この定義を否定する研究者もいる。面積の狭小性ゆえに海が近く、環海性が目につくというのが、妥当であるかもしれない。
(17) ただし、いずれの島にしても、通勤、通学といったレベルでの生活圏にあるわけではなく、日常的接触はかなり制約があり、島の日常生活には一定の「完結性」があるといえる。
(18) 第4章で見るが、一九九〇年代には観光客数の二割ほど、二〇〇一年および二〇〇二年には三割ほどの宿泊客数であった。これから、三割としておく。

第3章 離島観光の系譜
——隠岐諸島西ノ島を事例として——

1 本章の位置づけと構成

島根県隠岐諸島西ノ島は、本書の第2章において、「離島性」、「観光依存度」ともに相対的に低い離島として分類しておいた島である。日本全国の指定有人離島を分類すると、この「離島性・低」、「観光依存度・低」の離島が多数を占める。このことから西ノ島は、日本の「離島」のなかの典型な事例であると考えられる。もっとも、指定離島全体の平均からいえば、「離島性」は高くなり、観光依存度も平均的である。

本書でとりあげる他の離島の場合、過疎化・高齢化は深刻な問題とはなっておらず、また観光などの産業がある程度成立している。それに対し、西ノ島は、深刻な過疎化・高齢化、主要産業であった漁業と公共事業の衰退が大きな問題となっている。島の生き残りのために、行政機関は観光開発に力を入れているが、現状はかならずしも楽観的なものではない。このようなすがたは、多くの離島に見

隣の海士町から見た西ノ島と定期船と牛

られることである。本章以降であつかう事例の特殊性や位置づけを理解するためにも、ある意味で日本の典型的な離島として西ノ島を見ることも重要であろう。

本章では、西ノ島における観光の歴史を追いかけていく。そのうえで、島の人々にとって、観光、とくにエコツーリズムの前身ともいえる自然観光が、過去にどのような意味をもっていたのか、現在どのような意味をもっているのかを明らかにする[1]。

本章の構成は以下のとおりである。第2節では、日本全体の戦後観光の流れを統計データから概観し、さらに戦後観光史の先行研究を検討しておく。現在のエコツーリズムの前史として、西ノ島での観光開発をとらえるために、日本全体の観光史のなかで、離島観光の意味を位置づける必要があると考えるからである。つづいて、

第3節では西ノ島の社会状況と観光状況を概観し、第4節、第5節において、西ノ島の観光の変遷を、離島全体の観光の流れとからめながら詳述する。第4節では、西ノ島における観光の拡大のなかでの、離島にとっての観光の意味を考える。さらに第5節では、オイルショックにより日本観光が停滞していく時期、バブル経済によって観光が伸張する時期、その後再下降していく時期という日本観光の変遷のなかでの西ノ島観光の変遷をとらえていく。そのうえで、第6節において、隠岐西ノ島社会における観光の意味について、島の人々の対応から分析する。

2 日本観光の変遷と観光史研究

2-1 日本観光の変遷

観光白書によると、二〇一三年、日帰りの国内旅行参加者は延べ二億二〇〇〇万人、国内宿泊観光旅行は延べ一億八〇〇〇万人と推計されている。同年の海外旅行者数は一七〇〇万人であり、国内旅行の一〇分の一ほどである（『観光白書』、二〇一四、二七-二九頁）。

図3-1は、日本における国内宿泊観光旅行延べ人数と海外旅行者数の推移をグラフにしたものである。国内宿泊観光旅行①のグラフが、一九七六年に急激な増加を、一九七九年に急激な減少を示しているのは推計方法の変更による（進藤、二〇〇四）。また、国内観光宿泊旅行②は、二〇〇三年から導入された世界標準の統計データである。[2] ここでは、時系列の変化が見やすいように、一九七八年以

図3－1　国内宿泊旅行・海外旅行者数

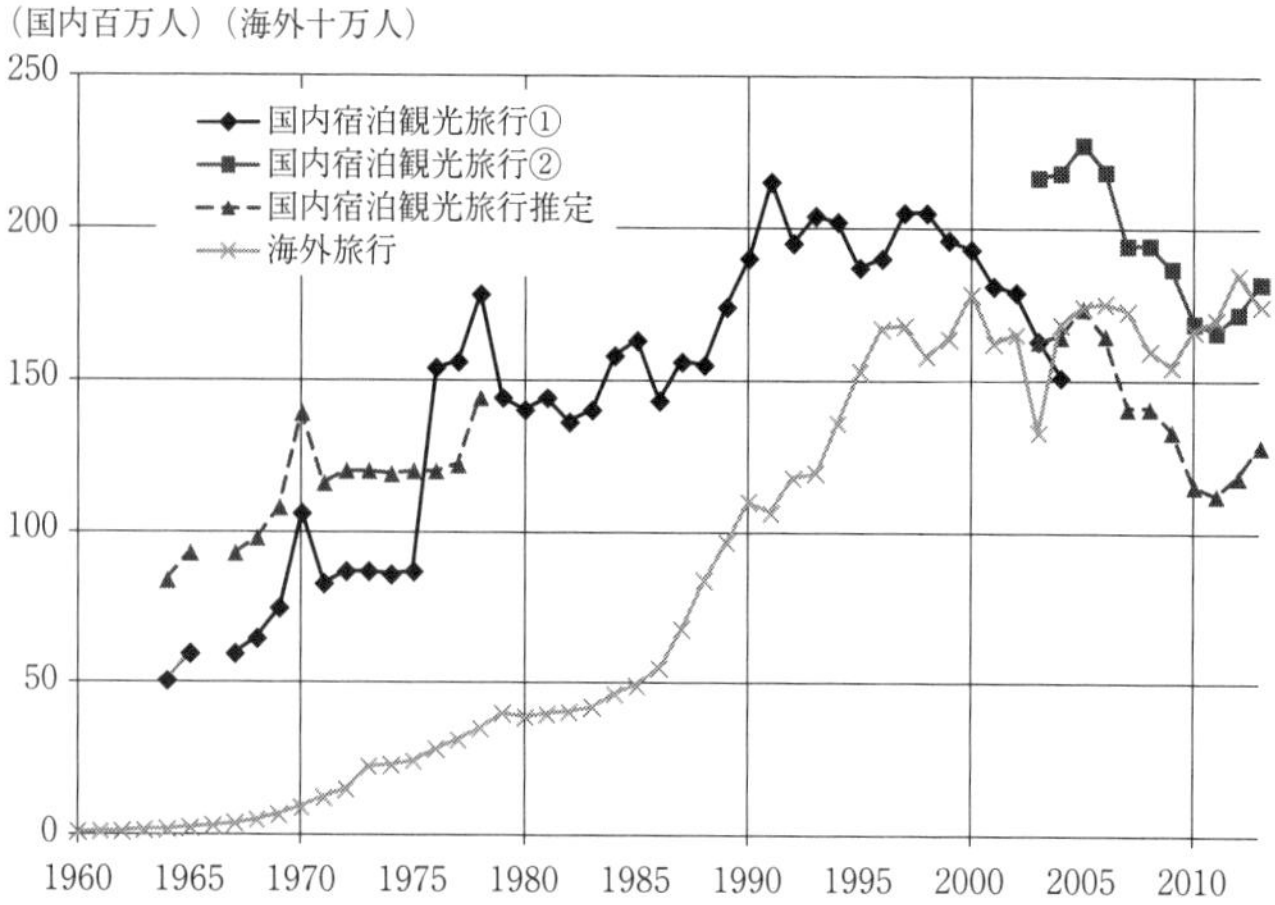

出典）国内旅行は各年の『観光白書』より作成。
出典）海外旅行は法務省出入国管理統計表より作成。
注）①、②、推定に関しては注2を参照。

前および二〇〇三年以降に関しては推定値を示しておく。

国内宿泊観光旅行のグラフの数値は増減をくりかえしているが、旅行者数増大の大きなピークが一九七〇年と一九九一年にあるととらえると、旅行者数の変化から見た日本観光の傾向が把握できる。この二つのピークに向かって、その数年前から旅行者数が急増し始め、ピークを越えると後は低成長になる。しかし、一九七〇年のピーク以降には、成長前の水準に戻るのではなく、段階的に伸張している。ここから、六〇年代の高度成長を契機として、七〇年代、八〇年代に国民のあいだに国内観光旅行が緩やかに定着していったことが見てとれる。いっぽうで、一九九一年のピーク以降は、緩やかに衰退していっていると見ることもできる。

この観光客数の増減傾向のデータから、日本の戦後観光史を四期に分けることができる。第一期は、一九七〇年の大阪万博を中心とし、高度経済成長を背景として観光が急成長していった時期である。第二期は、オイルショックによって急成長は止まったが、緩やかに推移していった時期にあたる。第三期は、バブル経済により、再び観光が急速に進展していく時期であり、最後の第四期は、バブル崩壊以降から現在までつづく、低迷の時期である。この日本観光の全般的傾向は、本章の主題となる西ノ島観光を理解する前提としても重要である。

2-2 日本観光史研究

日本の戦後観光全体を俯瞰したような観光史研究は数が少ない。観光の全体像を理解できるはずの「観光学」の概論書では、観光史の章を設けていても、古代ローマやイギリスを中心とした西洋の観光史および日本近世までの観光史が中心であり、日本の戦後観光史の記述は少なく、ほとんどあつかっていないものもある。(3)観光研究の分野での、戦後観光の全体的な流れに関する関心の希薄さがうかがわれる。そのなかで、旅の文化研究所の編集した『旅と観光の年表』は、五〇〇ページを超える大著であり、項目も詳細であるため、有用であるが、年表であることの限界をもっている（旅の文化研究所、二〇一一）。

日本の戦後観光史については、日本文化論や文化社会学などから注目すべき研究がいくつか出されている。日本文化の研究者である白幡洋三郎は、庶民の「旅行」という視点から、一九七〇年代のディスカバー・ジャパンやその後の国際観光の展開までの日本観光の流れを追っている（白幡、一九九九六）。この白幡の文献は、言及されることも多く、重要なものである。文化社会学者である多田治は、沖縄国際海洋博覧会および沖縄イメージを分析する前段階として、海洋博（一九七五年）のころまでの日本観光史をまとめている（多田、二〇〇四）。直接、観光の文脈からの分析ではないが、観光のビッグ・イベントとなりうる「博覧会」の変遷から、戦後日本開発のすがたを明らかにした吉見俊哉の業績も、戦後観光史研究のなかで注目すべきであろう（吉見、二〇〇五）。

また、文化地理学者の森正人は、一九二四年から二〇〇四年にかけて出版された雑誌『旅』の記事をもとに、旅行の変遷を追っている（森、二〇一〇）。ゲストからの視点で観光を見るものである。さらに、ジャーナリストの永井弘は、堤康次郎、五島慶太といった大物オーナー型経営者の足跡から戦後日本観光の変遷をたどっている（永井、一九九八）。これらの研究は、戦後観光の流れをたどる際に有益であるが、その性格からも特定テーマを主題とした観光史であり、また、本書の課題としている離島などの「僻地」を視野に入れたものではない。

戦後の離島観光に関しては、研究の全体数が少ないこともあり、総合的な観光史研究はいまだなされていないといえよう。個々の島ごとの観光史研究や市町村誌における個別の記載はあるが、数も少なく、目的が当該の島における観光の展開におかれているため、日本全国の流れに関わる記述は希薄である。[4]そこで、本章では、先に行なった日本観光の四期の分類を一つの軸として、日本観光の展開を背景として踏まえながら、以下、隠岐諸島西ノ島の観光の歴史について見ていきたい。

3　西ノ島の概況

3－1　西ノ島社会の概況

西ノ島は、東経一三三度北緯三六度の日本海に位置する。面積は五六平方キロメートルと中型の離島である。本土の島根半島からの距離は六五キロメートル、七類または境港からフェリーで二時間、もしくは高速船で直行便の場合一時間、島後経由の場合は二時間で到着できる。

隠岐諸島は四つの有人島と一八〇あまりの無人の小島からなり、有人島は島前と島後に分けられる。島後は隠岐諸島最大の島「島後」からなり、人口規模一万五〇〇〇人を超える隠岐の島町を形成している。いっぽう、島前は、西ノ島、中ノ島、知夫里島からなり、島ごとに西ノ島町、海士町、知夫村と一島一町村からなっている。それぞれの人口規模は三一六〇人、二三七四人、六五七人であり、日常生活レベルで「独立」した社会を構成できる規模である[5]。

隠岐は、古事記の「大八島国の生成」に記載があるように、古代から知られた島である。また、古くから中国大陸との交易の要所であった。平安時代には、後醍醐天皇、後鳥羽上皇、小野篁などの皇室関係者や貴族が流された流刑の地であった。そのため、離島であるとはいえ、文化的な意識が高い。江戸時代には、北前船の風待港として物流の要所であり、たいへん栄えていた[6]。

二〇一〇年の国勢調査によると、西ノ島の人口は三一三六人、世帯数は一六四五世帯である。一九

西ノ島の中心浦郷の町並み

五〇年には、人口は七四六三人、世帯数は一六一三世帯であった（図3－2）。グラフから見てもわかるように、戦後の西ノ島では早い段階から過疎化が進んでおり、世帯数に大きな変化はないが、人口は一貫して減少している。[7] この過疎化の深刻さを表し、二〇一四年の町勢要覧の表紙には「『人の集う島へ』Keep 3000!」とのキャッチ・フレーズが記載されており、せめて人口三〇〇〇人を維持したい気持ちが見てとれる（『西ノ島町町勢要覧』、二〇一四）。

また、六五歳以上の高齢化率は四〇％と、日本全国の平均二三％よりはるかに高い。年少人口は九％と、全国平均の一三％より低い。また、グラフからは、ここ三〇年ほどで高齢化率は倍となっていることが見てとれる。これらのデータからは、高齢化が深刻な西ノ島の現状が見てとれる。もっとも第2章で見たように、この傾

図３－２　西ノ島町人口・高齢化率推移

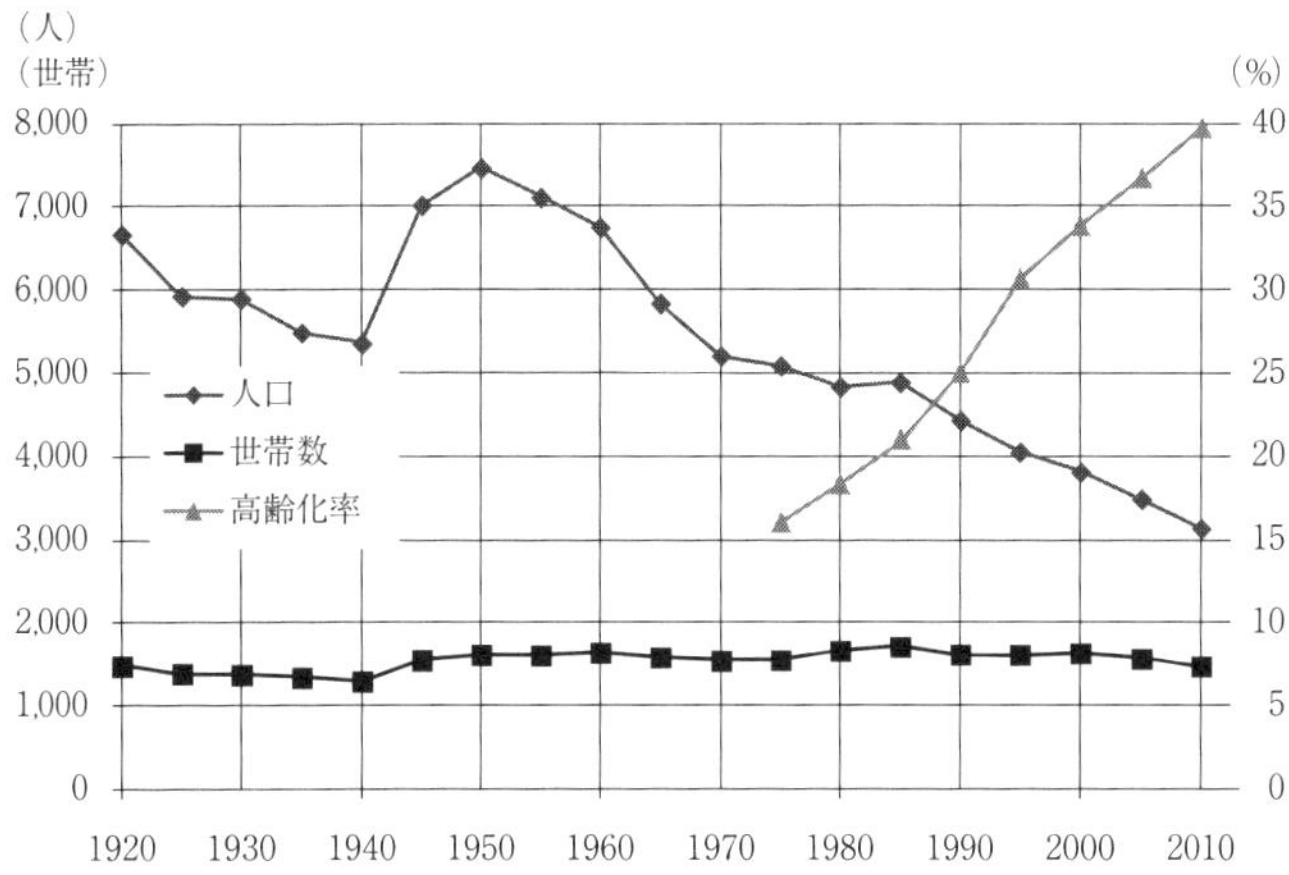

出典）『西ノ島町町勢要覧』（西ノ島町総務課、1996：2、2007：3）および国勢調査より作成。町勢要覧の元データは国勢調査。

向は全国の多くの離島で共有されていることである。

産業分類別就業者数は、第一次産業一九％、第二次産業一三％、第三次産業六九％である。内訳を見ると、医療・福祉一八％、漁業一六％、建設業一一％が全国平均と比べて多い。高齢化を反映し、医療・福祉就業者が多く、さらに、高齢者福祉に力を入れている西ノ島行政のすがたを見てとることもできる。この割合は年々高まっており、以前は基幹産業である漁業就業者のほうが多かったが、二〇一〇年には、ついに漁業従事者以上となった。建設業が多いのは公共工事に頼る離島もしくは「僻地」の一般的なすがたを反映している。だが、一〇年前の一四％から減少しており、日本政府による公共工事削減の影響が見てとれる。なお、公務員は九％、複合サービス事業従事者は三％と、全国平均よりはるかに高く、全離島の平均よりも高めである[8]。

漁業従事者の二三一人、一六％は、離島のなかでは高い数値である。一般的に離島では、漁港や船舶への投資がむずかしいために小規模漁業であることが多い。周囲を漁獲資源に恵まれていても、その資源を利用できないのである。西ノ島においても過去には同様の状況であり、また現在も数としては小規模形態の漁業が多いことはたしかであるが、離島振興法による漁港の改良や漁業の近代化、大型化の努力により、産業としての漁業を大きく発展させてきた（西ノ島町、一九九五）。西ノ島最大の漁港である浦郷港の二〇一〇年の属人水揚量は二万五〇〇〇トン近く、全国の離島の中では四番目である。また、西ノ島全体の水産業の生産額は二五億円近く、離島全体での一七位に位置する[9]。

漁業は西ノ島での基幹産業ではあるが、漁獲量は一九八五年の六万四〇〇〇トンをピークに現在は半分以下に低下しており、それにともない漁業収入も減少している[10]。これは、西ノ島にかぎったことでなく、全国的に見られる傾向である。原因としては、漁業資源の乱獲が取りざたされることもあるが、海水温度上昇による魚の北上という環境変化による影響が大きい。また西ノ島では、高齢化による漁業人口の減少も、漁業の衰退を加速させている。漁業人口は漁獲量ピーク時の一九八五年には五五六人であったが、年々減少し、現在では半分以下となっている[11]。さらに、漁業は、いわゆる三K職であるため、後継者不足が深刻となっている。一九八〇年代半ば、すでに後継者問題が目だっており、漁業就業者の半数は五〇歳以上であった（西ノ島町、一九九五、三二五頁）。漁業就業者の減少は、高齢者がやめていくための減少であると考えられる。

現在、西ノ島漁業は離島全体でいえばその漁獲量はトップクラスにあるが、そのわりには生産高が少ない。カニをのぞけば、イワシ、アジ、サバなどの安い魚が多いためである。水産業の生産高は高いが、必要経費ばかりがかさむため、産業全般としては厳しい状況にある。基幹産業である漁業は不振となり、公共事業による依存財源も縮小されていくなか、行政機関では観光産業に期待を寄せざるをえなくなっている。

3－2　西ノ島観光の概況

一九六五年、当時の大濱一義町長は、その所信表明のなかで、「漁業、観光、畜産」を西ノ島町の産業の三本柱にすると述べた（西ノ島町誌編纂委員会、一九九五、三三九頁）。この二年前の一九六三年、西ノ島を含めた隠岐諸島の一部は隠岐国立公園に指定され、観光への期待が高まっていたころのことばである。この方針は現在まで踏襲されており、二〇一四年の『西ノ島町町勢要覧』のなかで、升谷町長は「漁業・畜産・観光を基幹産業としてまちづくりを進めております」と述べている（『西ノ島町町勢要覧』、二〇一四）[12]。

西ノ島にかぎらず、隠岐諸島の観光資源は、雄大な自然と歴史的文化財である。西ノ島西部の国賀海岸は、日本海の荒波に削られてできた断崖や奇岩がつづく景勝地であり、国の名勝天然記念物に指定されている隠岐観光最大の目玉となっている。また、後醍醐天皇の居住した伝承のある黒木御所、海上安全の神を祭る焼火神社、西ノ島のシンボルであるイカに関わる由良比女神社などの歴

国賀海岸

史的文化財も西ノ島の魅力としてある[13]。さらに、海水浴、釣り、ダイビング、シーカヤックなどのマリン・レジャーも楽しむことができる。とくに、釣りは、よい漁場を近くに抱えているために有名である。二〇一三年には、地質学的な貴重さが認められ世界ジオパークに認定されており、新たな観光資源として期待されている[14]。

二〇一〇年の観光客数は四万二九〇〇人。年間延べ宿泊者数は二万二〇〇〇人である。長期的にみると、一九六〇年代初頭から一九七三年の一〇年ほどで、観光客数は急激に上昇している（図3－3）。第2節で見た日本戦後観光史の第一期にあたる観光成長期と同様の展開である。

一九七四年以降は急激に落ち込み、一九八〇年代は一〇万人程度を推移している。同じく第二期のオイルショック以降の緩やかな成長期に

図3－3　西ノ島町観光客数推移

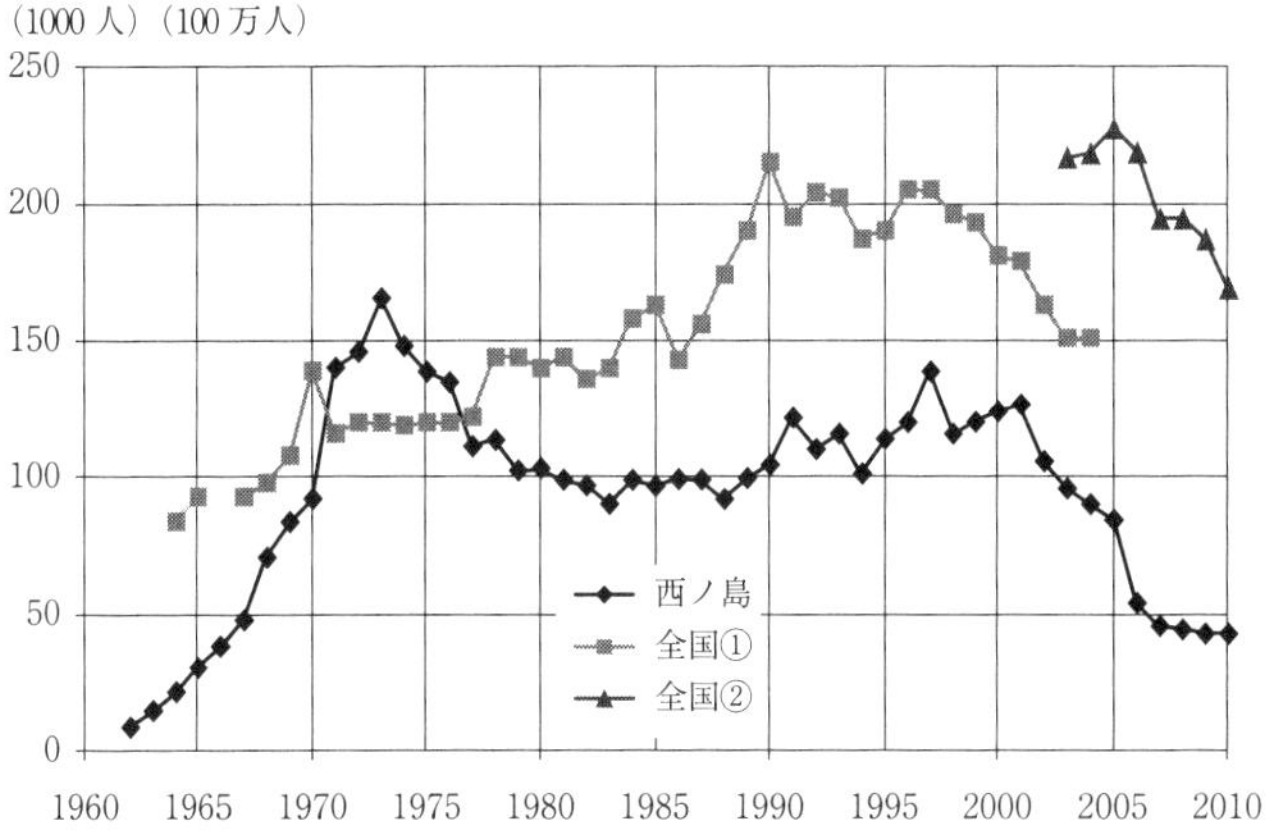

出典）西ノ島町（1995：331)、『西ノ島町町勢要覧』（西ノ島町総務課、1996：7、2007：6）および『離島統計年報』より作成。
注）全国は図3－1を再掲、なお1978年以前は推定値。

あたるが、西ノ島では落ち込みが大きく、その後も横ばいである。第三期のバブル期であるが、影響は出ているが、効果の幅は小さい。とくに目立つのは、二〇〇二年以降の落ち込みである。第四期の日本社会の長期不況の影響が大きく現れている。西ノ島町としては観光に期待を寄せてはいるが、状況はたいへん厳しいといえるだろう。

4　貧困から「離島ブーム」へ

4－1　戦争直後の生活と離島振興法

第3節の概況で見たように、西ノ島は風待港として栄えた歴史をもつ。海上交通が帆船だったころのことである。明治時代に入り、海上交通の主役が動力船に移ると、風待港は必要なくなった。また、鉄道網の発達により、物流の主役は鉄道になり、急速にその役割を終えていった。その結果として、「僻地」の「離島」へと変わっていったのである。

西ノ島にかぎらず、戦前までの「離島」での生活は貧しく、困難なものであった。この状況は、戦後の復興期、朝鮮戦争特需を経て本土の生活が向上していく時代においても変わることなく、本土と離島の生活格差は拡大していくばかりであった。たとえば「町誌」によると、一九五五年ごろの西ノ島の生活は以下のように描写されている。

何しろ本土と隠岐島を結ぶ船は一日一便、八時間もかかる。電気は一家に一灯、しかも夜間送電だけで、ラジオすらまともに聞けない。それでもあるのは良いほうで、知夫村のように電気のない島もある。もとより水道もないし道路事情も悪い（西ノ島町、一九九五、七六頁）(15)。

また所得面でも、一九六〇年の町民一人当たりの所得は、島根県平均の八五％、六万八三四七円と低いものであった（西ノ島町、一九九五）。島根県自体が全国的にも「僻地性」を帯びた地域であり、平均所得も低いと考えられるため、西ノ島町の状況は全国的に見るとより貧しいものであったといえるだろう。宮本常一は、隠岐での一九六〇年当時の一人当たりの生産所得は全国の五九・六％であったとしており、この所得の低さを埋め合わせるために出稼ぎが選ばれたと言及している（宮本、［一九六六］一九七〇、一九〇 - 一九一頁）。出稼ぎのみならず、都市部への移住もあり、早くからの過疎化が

西ノ島漁業を支える大型漁船

引き起こされたのである。

第2章で見たように、この状況を改善するための島根県などの運動の成果として、一九五三年に「離島振興法」が施行された。法の制定以後、高補助率の公共事業により、島の産業基盤が改善されていく。もっとも、離島地理学者の河地貫一が指摘するように、離島振興計画は、高度成長のなか、道路、港湾、漁港などの産業基盤の整備に重点が置かれ、住民福祉は軽視されていた（河地、［一九八四］一九八六、一二六頁）。それでも、この産業基盤の整備が西ノ島での漁業の近代化、大型化に結びつくものとなっていったのである。

当時の観光開発について見ると、浦郷町（現在の西ノ島町）では、早くも戦後復興期から観光開発へ向けた取り組みが行なわれていた[16]。戦後まもない一九四七年には、町議会議長桜井伊勢太郎が自宅を事務所にして観光協会を設立している（西ノ島町、一九九五、三二八頁）。一九四九年には、公職追放中の重谷乙郎が国賀への観光船の営業を開始した。重谷は当時の西ノ島の観光状況について、「そのころ、隠岐を訪れる人といっても観光だけを目的に来る人はほとんどなく、商売や仕事のついでに景勝地をみて帰るという人が多いようでした」（西ノ島町、一九七八、一二三頁）と記している。観光に関する先見の明はあるものの、当時の西ノ島は、観光客が訪れる場所ではなかったのである。

4－2　大山隠岐国立公園の指定

一九五六年、経済白書に「もはや戦後ではない」と謳われたように、戦後復興が進み、日本経済の回復が見られた。経済の復興にともない、観光旅行を行なう人も増加し、一九五七年には国民の二九％が「宿泊をともなう旅行」に参加している（日本交通公社、二〇〇四、八頁）。観光旅行の需要を反映し、一九五五年には公立青年の家、一九五六年には国民宿舎、一九五八年には公営ユースホステル、一九六一年には国民休暇村と公営の安価な宿泊施設が建てられ、観光インフラが整備されていったのである。

日本文化論の視点から観光を分析した白幡によれば、当時の観光旅行は、社員旅行などの団体旅行が中心であり、その目的地は有名観光地であった。そのため、無名の観光地が仲間入りをするには、国立公園への指定が有効であったと述べている。当時、国立公園は「観光客誘致の葵の御紋」であり、

「候補地をかかえる地方自治体が、指定獲得のための陳情をくりひろげた」（白幡、一九九六、五九頁）のである。国立公園に指定されれば、おのずと観光客が集まり、観光地として成功する方向が開ける。今の世界遺産登録を目指す地方自治体のすがたにも似ている。

一九五〇年代半ばごろから、島根県では、隠岐、島根半島、三瓶山の国立公園指定への動きが高まっていた。この動きを受け、西ノ島町では、一九五八年には国賀観光のための国賀道路の建設が始まり、一九五九年には西ノ島町観光協会が設立されている。一九六二年には「焼火ユースホステル」が営業を開始し、定期観光船が営業を開始するなど観光インフラが整備されていった[17]。また一九六四年には町議会において観光課設立の提案がなされ、町役場に当時の日本では珍しかった観光関連の部署が設けられている。これらの動きからは、当時の西ノ島の観光開発にかける意気込みが感じられる。

一九六三年四月、隠岐諸島は「大山隠岐国立公園」の一部として指定された。国立公園指定にともない、同年五月には新型船「おきじ丸」が就航し、翌一九六四年には一〇〇人以上宿泊可能な国民宿舎国賀荘が完成している。さらに一九六五年には、それまで個々ばらばらに運営されていた観光船をとりまとめる隠岐観光株式会社が設立された。国立公園指定を機に西ノ島は観光地としての体裁が整っていったのである。

この時期の西ノ島における最大の問題は、航路の問題であった。新型船就航の前、本土から西ノ島までは、八時間以上かかる一日一便の夜間航路のみであり、船旅は楽なものではなかった。国立公園指定にあわせた「おきじ丸」は、本土と隠岐を三時間で結び、昼航路、一日二便、八〇〇トンほどの大型船であり、船旅は格段に快適なものとなった。しかし、島後までは三時間であるが、往路復路とも島後経由のため、島前から本土までは五時間から六時間かかるものであり、時間短縮のメリットは薄かった。島前のほうが本土に距離的に近いにもかかわらず、航路時間では遠くなるのである[18]。このため、西ノ島では一九六四年に「観光航路対策委員会」が創設され、本島と西ノ島を直接結ぶ「国賀航路」を開設しようとした。だが、「おきじ丸」を運行する隠岐汽船、島後の反対によって、中止されている。また、一九六五年には、島後と米子の間に航空機が就航したが、船舶と同じ理由で、西ノ島でのメリットは少なかった（西ノ島町、一九九五）。

この隠岐の国立公園指定への動きとは無関係に、同時期に、離島観光にとって重要な動きが起こっている。第一期「離島ブーム」である。離島の困難な生活状況は、一九五〇年から刊行された、さまざまな日本のすがたを伝える『岩波写真文庫』[19]や、一九五六年の朝日新聞による連載コラム「離れ島」、一九六〇年の宮本常一による『日本の離島』（宮本、［一九六〇］一九六九）などによって、広く知られるようになっていった。この『岩波写真文庫』は離島を含んだ「秘境ブーム」をひきおこし、一九五九年の沖縄渡航の制限緩和、一九六一年の柳田國男の『海上の道』（柳田、［一九六一］一九八九）刊行、同年の『日本の離島』の第一回日本エッセイスト・クラブ賞受賞などを契機として、一九六〇年代初頭には「離島ブーム」がまきおこったのである（離島振興30年史編纂委員会編、一九八九、二九五頁）。

一九六〇年といえば、池田内閣により「国民所得倍増計画」が発表された年であり、すでに日本社会は高度経済成長のただなかにあった。この高度経済成長による生活レベルの向上にあわせ、宿泊をともなう旅行への参加率は、すでに見た一九五七年の二九％から、一九六〇年には三四％、一九六四年には四二％と順調に増加していった（日本交通公社、二〇〇四、八頁）。この宿泊旅行参加率の増加にあわせ、一九六三年の「観光基本法」施行、一九六四年の「観光白書」発表開始など観光制度の整備が行なわれている。また、一九六四年の海外旅行自由化、東京オリンピックにあわせた東海道新幹線開業と第一次ホテル建設ブーム、名神高速道路開通など観光インフラも整備されていった。

国立公園指定と第一期離島ブームを受け、西ノ島の観光客数は増加していった。一九六二年に九〇〇〇人であった観光客は、翌一九六三年の国立公園指定の年には倍近い一万五〇〇〇人に増加し、それ以降も着実に観光客数は増加していった（西ノ島町、一九九五、三三一頁、および図3－3参照）。国立公園指定を機に、西ノ島を含む隠岐諸島は観光地の仲間入りを果たしたのである。

これを受け、概況でも見たように、一九六五年には当時の大濱町長が「漁業・観光・畜産」を西ノ島の産業の三本柱にするとの施政方針を発表している。さらに、一九六七年には観光宣伝のために町名を「国賀町」に変更することが町議会の議題にのぼるなど、西ノ島町では観光開発が強力に推し進められていったのである（西ノ島町、一九九五、一三二頁）。

4－3　ディスカバー・ジャパン

高度成長期における観光隆盛の頂点として、一九七〇年三月から九月にかけて大阪で万国博覧会が開催され、延べ六四〇〇万人の人が訪れた。万博によって、国鉄の利用者は急増したが、その後激減することは明らかであった。その対策として、一九七〇年一〇月から、日本国有鉄道（国鉄、現JR）は電通とともに「ディスカバー・ジャパン」キャンペーンを大々的に繰り広げていった。

白幡は、この万博とディスカバー・ジャパン・キャンペーンが国内観光旅行の転機を示すものであったと指摘している。すでに見たように、当時の観光旅行といえば、会社の慰安旅行などの団体旅行が中心だった。一九六八年には、団体旅行が五二・三％を占め、グループ旅行は二四・五％、家族旅行は一八・五％であった。それが、万博の行なわれた一九七〇年には、団体旅行は三四・八％に落ち込み、グループ旅行は二七・八％と微増、家族旅行は二九・八％と大きく伸びている。この団体旅行から家族旅行や小グループ旅行への変化は、その後もつづいていく（白幡、一九九六）。

また、ディスカバー・ジャパン・キャンペーンの特徴について白幡は、「このキャンペーンが不思議なのは、特定の観光地を売り出そうとするものではないことだ」（白幡、一九九六、七九頁）と指摘している。それまでのキャンペーンはどこか特定の観光地を宣伝するのであったが、これは目的地のないキャンペーンであった。国鉄を利用してもらうことが目的であったのだから、当然のことであろう。さらに白幡は、このキャンペーンの意味について、「旧来の名所や観光地をまったく意識させないことで、逆に新しい旅行需要を作り出し、国内旅行先の再開発の役割を果たした」（白幡、一九九六、八一頁）としている。ディスカバー・ジャパン・キャンペーンによって、日本中のどこでもが観光の対象になりえたのである（白幡、一九九六）。

また、このディスカバー・ジャパン・キャンペーンのポスターには、ひとり旅をする若い女性が写っている。若い女性がターゲットと考えられていたのである。若い女性の旅行に関しては、そのころに刊行が始まった雑誌『アンアン』（一九七〇年創刊）、『ノンノ』（一九七一年創刊）も、女性による旅文化を提案している。これらの影響のもと、「アンノン族」と呼ばれる若い女性たちが、観光旅行の主役となっていった（白幡、一九九六、多田、二〇〇八）。

離島に即して見れば、ディスカバー・ジャパン・キャンペーンの影響により、離島がより広く観光の目的地として発見され、第二期の離島ブームが始まっている（離島振興30年史編纂委員会、一九八九）。西ノ島も例にもれず、ディスカバー・ジャパン・キャンペーンの始まった翌年の一九七一年には一四万人と急増し、前年の一・五倍となった。前掲の観光客数変遷のグラフからもわかるように、前年から比べると五万人の増加であり、人数から見ると過去最高の伸びである（図3－3）。さらにグラフからは、一九六〇年代初頭の第一期離島ブームにより西ノ島を含む隠岐が発見され、日本における観光旅行の拡大にともない、西ノ島でも順調に観光客数が増加している様子、第二期離島ブームにより、その増加が加速されている様子が見てとれる。もっとも島の側からしてみれば、第一期と第二期は連続したものとして見える。

4－4　離島ブームへの島の対応

一九六〇年代初めの第一期離島ブーム当時の観光客について島の人に話を聞くと、「若い観光客が多かった。キャンプの道具とリュックを背負って、汚い若者が。貧乏旅行というか」といった答えがよく聞かれた。これらの旅行者は、「カニ族」といわれた貧乏旅行をする若者たちである。近年では、「カニ族」どころか若者が訪れることさえ珍しく、島の人々の記憶のなかに強く印象づけられているようだ。

いっぽうで、西ノ島町初代の観光課長坂本勲は、国立公園指定された一九六三年について、「この年から隠岐を訪れる観光客のイメージは一変し、相当年配のお年寄りは勿論のこと、ハイヒール姿のモダン女性、又は和服姿の中年女性、そして男性の殆どは背広（スーツ）姿といった、全く予想もしなかったお客さんのスタイルに、ただ驚くばかりでした。学生さん達も例年どおりに訪れてはいますが、周りの派手さに圧倒され、あまり目にとまらなくなってしまったのです」とのちに書き記している（坂本、一九九二、八頁）。国立公園指定の前までは、隠岐を訪れるのは「カニ族」や研究者などであった。それが、国立公園に指定されることにより、有名観光地と同様に多様な人々が訪れることになったのである。さらに、多くの観光客が訪れることにより、水不足、電気不足、ゴミ問題、牧場が荒らされるなど、西ノ島では「観光公害」が現れるほどになっていった（西ノ島町、一九七八、一二七頁）。

隠岐に関するものではないが、当時の新聞では、離島ブームによる観光客の殺到や、観光客が大挙することによる観光公害が、人気の高かった伊豆諸島などから報道されている。「伊豆七島は民宿ブーム　昨年の倍、四百軒に」（朝日新聞、一九六八・五・三〇）、「八丈島、三宅島、大島をはじめ、南九州の奄美大島、徳之島などの離島は、ちょっとしたハワイ、グアム島並みの避暑ムードが味わえるとあって、七月中の予約はほぼ満席」（朝日新聞、一九七一・七・四）といった離島観光の盛況ぶりが伝えられた。

いっぽうで「島はレジャー騒動」「島の子は台所に寝る始末」（朝日新聞、一九六九・七・二七）と客の集めすぎによる問題や、離島ではないが「秘境狂想曲　知床、利尻の観光ブーム」「一〇畳に一四人ザコ寝　客・人間扱いじゃないよ　業者・いやなら出ていきな」（朝日新聞、一九七一・八・一四）と秘境ブーム、離島ブームによる業者の儲け主義が伝えられている。観光客のマナーの悪さに関しても「押寄せる〝観光公害〟」「バナナ・パパイヤ手当り次第　無断でもぐりサンゴ持去る　ビキニ姿で散歩、傷害事件も」（朝日新聞、一九七二・七・二四）と本書であつかう小笠原諸島から報道された。

西ノ島でも、当時の状況を振り返り「笑いが止まらないほど」だったとある民宿の主人はいう。別の宿の主人は「ああ、それはね、離島ブームがあってね、とにかく泊めてくれ、泊めてくれいってね」といい、さらに「とにかく金がほしいから、みんな（民宿を）やった」（（　）内筆者）と語っている。当時の西ノ島では宿泊施設が不足しており、相部屋で泊まるのは当たり前、どこでも寝かしてくれればよいといった状況であったというのである。

国立公園指定前の一九六〇年、西ノ島の宿泊施設は、ホテル・旅館が一〇軒で収容能力は二〇〇人ほど、民宿については不明であるが、観光客数から見ても、それほどの数があったとは考えがたい。それが、ディスカバー・ジャパン・キャンペーンの翌年、一九七一年には、ホテル・旅館が二九軒で収容能力は九八九人、民宿は五六軒で収容能力は六〇〇人、総収容能力は一八五九人と急増している。

さらに、一九七五年には、ホテル・旅館数に変化はないが、民宿のほうは八八軒で収容能力は一〇三〇人と増加している（西ノ島町、一九九五、一三〇頁）。一九七五年当時の西ノ島の世帯数は一五五一軒であるから、その七・五％、一三軒に一軒が宿泊施設に参入したことになる。当時は家を建てかえるなら民宿にという風潮であり、現金収入の手段として旅館や民宿が増加したのである。

当時の西ノ島観光は、夏場の一カ月あまりがピークであり、それ以外の時期に訪れる観光客は少なかった。その期間に多くの観光客が集中したため、宿泊施設は不足状態であった。この状況が、西ノ島の人々を民宿経営へと向かわせたのである。西ノ島が貧しかったころ、島の人々は、ひとつの仕事だけではなく、いろいろな生業を組み合わせて生活を成り立たせていた。ある島の人は、「あれもやれ、これもやれしていかんとね、ここでは生きていかれんわけ」といい、また「そんときは牛も飼うし、百姓もやるし、民宿もやるしね、なんもかんもひとまとめでね。そんで結構よかったでね」とも語った。民宿は、生活を成り立たせるための生業の一部としてあったのである。また、夫が漁師で、水揚げ量の少ない夏場に渡船などの釣り船を営業し、妻が民宿を担当するかたちは、当時から現在までつづく西ノ島の民宿形態のひとつである。

直接民宿を経営するだけでなく、宿泊施設で働く人、土産物屋や食堂など観光によって利益を得た人は多い。また、当時、観光船は一六艘にまで増加しており、釣り船として観光に参加した漁師も多くいた。離島ブームが西ノ島の経済に与えた影響は大きかったのである。

夫婦で行なっている民宿と釣り船

5　西ノ島観光の衰退

5－1　オイルショック以降

一九七三年、右肩上がりに伸びつづけた西ノ島の観光客数は、一六万五〇〇〇人を超えた。観光産業に対する期待は大きく、将来的には六〇万人の観光客をといわれるまでになった（西ノ島町、一九九五）。西ノ島の人々は、観光客はこのまま右肩上がりに増加していくと考えていた。もっと多くの人が訪れ、島の生活は豊かになっていくと考えたのである。

その年の観光シーズンの終わりを迎えた一〇月、第四次中東戦争に端を発し、オイルショックが発生した。石油価格の上昇にともない、あらゆる物価が高騰し、高度成長にあった日本経済は急速に衰退していく。翌年の一九七四年、西ノ島の観光客は、国立公園指定以来、初めての減少に転じ、一四万八〇〇〇人となった。その後も年々、観光客は減少し、一九八一年には一〇万人を下まわっている（図3－3参照）。一九八三年には、観光開発への期待を背負って誕生した国民宿舎「国賀荘」が赤字経営のために民営化された。国内観光においても、離島観光においても、第一期の急成長は終わり、第二期の低成長期に入ったのである。

オイルショックによる観光客の減少は、西ノ島にかぎらず「離島振興法」指定の離島に共通の傾向である。その原因としては、景気後退だけでなく離島ブームが一段落したことが指摘されている（離島振興30年史編纂委員会、一九八九)。図3―1で見た国内宿泊観光客数推移では、オイルショックによって、観光客数が激減している様子は見えない。横ばい状態になっているだけである。いちど定着した観光旅行は、不況になっても減少しない傾向が見られる。問題は、観光客がどこへ向かうようになったのかである。

この点でよくいわれるのは、「安近短」である。観光旅行に行くが、安くつき、近場で、短い日数で、ということである。安くて近いところということになれば、離島、とくに隠岐のような遠隔地の離島は、対象外になる。それに加え離島では、沖縄の本土復帰が影響を与えている。

オイルショックの前年、一九七二年五月、沖縄が本土復帰した。これに合わせ沖縄振興のため、一九七五年七月に「沖縄国際海洋博覧会」(海洋博)が開催されている[20]。海洋博の翌年には反動で半数に減少しているが、その後は順調に増加し、復帰前に二〇万人だった入域観光客は、二〇〇八年に六〇〇万人を超えている。その後は増減をくりかえしているが、いまや、沖縄県は日本有数の観光立県となっている。

沖縄の離島に関して多田は、「ポスト海洋博の沖縄ブームは、離島から高まった」と指摘し、海洋博の反動不況が騒がれていた一九七六年には、慶良間諸島や八重山諸島で離島観光ブームが始まったとしている。その後も沖縄の離島観光は伸びつづけるが、訪れる観光客のうち半数は離島を訪れている(多田、二〇〇四、一五六頁)。さらに、一九八〇年代前半には、景気の回復を受け、ダイビングなどのマリン・スポーツを中心とした第三期の離島ブームが起こっている。この離島ブームは小規模なものであったが、沖縄など南の島を中心とした離島ブームであった（離島振興30年史編纂委員会、一九八九）。

一九八五年のプラザ合意を契機として、日本はバブル経済へと突入した。円高を背景として、海外旅行をする人々が急増していった。国内旅行者に関しては、翌年一九八六年にはいったん落ち込むが、その後は好景気によって急激に増加していく（図3－4参照）。沖縄の離島もこの時期に観光客数を増加させている。日本の戦後観光史の第三期である。これを受け、離島振興法指定の離島でも、バブル期に伸びを見せている離島は少なくない。しかし、総合保養地域整備法（リゾート法）の影響のもと作られた施設が、負の遺産となるなどマイナス面のほうが大きいとも考えられる。バブル崩壊後、国内観光は低迷する第四期に入り、沖縄などの離島はともかくとして、とくに離島振興法指定離島における観光衰退はいちじるしい（図2－4参照）。

西ノ島に目を移すと、一九八一年に一〇万人を割り込んだ観光客は、バブルによる影響も少なく、一九八〇年代は横ばいであった。一九九〇年に入ると、一〇年ぶりに一〇万人を回復し、翌年一九九一年には、後醍醐天皇をあつかったＮＨＫの大河ドラマ「太平記」が放送された影響で、一五年ぶりに一二万人を突破している。その後は、増減をくりかえしながら幅はあるが、一一万から一二万人ほどの観光客を二〇〇一年まで維持していた（図3－3参照）。このころまでは、バブル崩壊を乗り切っていたのだろうか。もっとも、この役場の発表した観光客データが「あやしい」という観光関係者もいる。「太平記」のときはともかくとして、目に見えて観光客は減少しているというのだ。公共工事の業者でもなんでも観光客として数えているとの声も聞こえる。

島の人による観光客数が減少しているという証言を示すかのように、西ノ島の観光を支えた民宿の数は減少している。[21] 離島ブーム後の一九七五年に、西ノ島の民宿の数は八八軒あった。島の人は、それ以降も増加し、最盛期には一〇〇軒ほどあったという。それが、観光第二期の低迷期に減少しつづけ、観光客数一〇万人を回復する一九九〇年には四三軒と半減している。

その後、統計データ上は観光客数が回復し、横ばいであるが、観光客が減少に転じる前年の二〇〇一年までに民宿の数は二四軒と、さらに半分近くまで減少している。またバブル期にJR西日本によって計画されたホテル「リゾ隠岐ロザージュ」が一九九六年に開業したが、三年しかもたず、一九九九年には第三セクターとなった。二〇〇二年以降、あたかも公共工事の減少にあわせるかのように観光客数は急激に落ち込み、二〇一〇年には四万二九〇〇人にまで減少している。また観光客数減少に合わせるかのように、同年の民宿数は一二軒と半減しているのである。

5-2 西ノ島における観光衰退の解釈

西ノ島を含む隠岐観光は、国立公園指定と離島ブームによって成功を収めた。このふたつの動きは、隠岐では偶然に同時期に起きているが、実際にはまったく異なった方向性をもっていた。国立公園指定は有名観光地となることの魅力に牽引されたものだが、離島ブームとは無名の「僻地」の魅力である。これらの方向性は正反対といえるだろう。

白幡は、国立公園が魅力を失っていく様を、「観光旅行とは、美しい風景を見て、おみやげを買って帰ることであった時代の産物が、国立公園であるということもできる。昭和四十五年に始まるディスカバー・ジャパンによって旅行目的が多様化し、それまで有名観光地の地位をほしいままにしてきた国立公園の威光はかげりをみせる」（白幡、一九九六、五九頁）と分析している。

西ノ島にかぎらず隠岐観光は「国立公園の威光」を利用するには、期限つきのものであった。国立公園に代わる新たな魅力を作り出さなければ、隠岐観光の衰退は必然だったのである。その魅力とは、国立公園指定とは反対の「僻地」の魅力であったかもしれない。西ノ島は、県の国立公園指定の動き、世の中の離島ブームによって観光地となっていった。それは、内側からの努力によって作られたものというよりも、外から来た成功であった。急激に「笑いが止まらないほど」の観光客が訪れたのである。オイルショックによる不況に襲われても、そのうち観光客が増えるだろうと考えられていたのではないだろうか。そのため新たな動きは生まれず、「国立公園の威光のかげり」とともに、さほど有名になることもなく、古い型の観光地となってしまったのである。その他の離島でも、同じような運命をたどったところは多い。

6　西ノ島における観光の意味

ここまで見てきたのは、どちらかといえば観光振興の側面、ある意味では行政や観光産業の側面からであった。ここからは、より日常生活に近い側面から、分析を進めていきたい。それは、西ノ島に「ふつう」に生きる「生活者」にとっての観光の意味を見るものであり、人々の日常生活から観光を読み直すことにつながる。

6－1　なぜ観光産業に参入したのか

人類学者の斗鬼正一は、西ノ島の急激な観光地化への適応を、西ノ島町浦郷の「文化的特性」から分析している。斗鬼によれば、ひとり乗り船の漁師気質が「刹那的競争的個人主義」と「文化による統制の弱さ」を生み、また流人や北前船が往来していたことが「開放性」を生みだし、これが西ノ島の中心である浦郷の「文化的特性」となったとしている。西ノ島では、漁業の近代化・大型化以前のみならず現在でも、多くの漁師はひとり乗りの小型船を操業するのが主流であるため、自分以外の漁師はすべて競争相手になる。自分が捕らなかったら、誰かに捕られてしまう。そこから「刹那的競争的個人主義」が生まれるというのである。また、漁に行くも行かないも、いつ行くかも自分で決められ、誰かに縛られることのない自由がある。そこから「文化による統制の弱さ」が生まれる。また、「僻地」の離島になる以前は、北前船など人の出入りが多かったため、「開放性」が育ったとする分析である（斗鬼、二〇〇二）。

さらに、斗鬼はここから観光地化への適応を説明しようとする。「開放性」ゆえに観光客が出入りするのに拒絶感が少ない、「刹那的競争的個人主義」や「文化による統制の弱さ」は、島の人々が個人個人で観光船を運営し、民宿を経営し、観光産業に参加する方向性を生んだというのである（斗鬼、二〇〇二）。

「西ノ島は漁師の島だから」といった漁師町の島民気質は、しばしば島前で耳にすることばである。島前は三つの島からなるが、それぞれ「西ノ島は漁業、海士は農業、知夫は牧畜」の産業構造をもち、そこからくる気質をもっているというのだ。西ノ島が島前のなかの観光地として、最も発展していることの説明に、この島民気質が使われることも多い。斗鬼の分析は、この島前での島民気質の自己規定を利用したものであり、納得しやすいものである。この島の人々の自己分析を根拠とした斗鬼の説明は、たしかに西ノ島社会の一面をとらえているのだが、そこには物足りなさも残る。

第一に、西ノ島にかぎらず、どの離島でも小型船による個人漁業が一般的であるという事情が考慮されていないことの問題点である。つまり、離島であれば、もしくは小規模漁業が行なわれているところであれば、どこでも同じということになる。第二に、帆船の時代は明治期までのことであり、その後の社会変動による影響の大きさ、とくに「僻地」の離島となったことの影響が考慮されていないことからくるものである。

島前のなかで西ノ島が、最も観光に積極的であったのは、第4節で見たように、ほとんど観光客が

港に並ぶ小型漁船

訪れないころから観光への取り組みが行なわれていたために、多少の基盤ができていたことが影響していると考えられる。また、人口が最も多いこともあり、島前の中心であるという意識が強いことも指摘できるだろう。これらのことのために、すでに見たように、国立公園指定に際して行政機関や観光産業は、素早く、積極的に対応していったのである。

これら行政機関や観光産業の動きに加え、最も重要だと思われるのは、隠岐観光の最大の目玉である国賀海岸が西ノ島にあったことである。隠岐を訪れた多くの人々は、国賀海岸を見るために西ノ島を訪れている。つまり、観光客への対応の準備がなされている、多くの人が訪れる、この二つの条件のために、西ノ島は隠岐島前観光の中心となったのである。

第4節で見たことばであるが、「泊めてくれ、

道端に出てきた牛　西ノ島では、少ない土地を有効に使う牧畑が行なわれていた。その名残として、牛や馬が自由放牧されている場所が多くある。

泊めてくれいってね」というほどに多くの観光客が来た。島に人々にとってみれば、多くの観光客が来たことに意味がある。それほどの客がいて、宿泊施設が足りないのであれば、民宿を開けば現金収入が期待できるということだ。「とにかく金がほしいから、みんな（民宿を）やった」のである。

もっとも、専業のビジネスとしての参入ではなく、あくまでも夏場だけの副業であった。島の人々がこぞって民宿や観光船に参入したのは、当時の人々が貧しかったからである。「牛も飼うし、百姓もやるし、民宿もやるし」ということばからもわかるように、離島ブームのころ、西ノ島の人々は、生活していくために農業や牧畜や漁業などさまざまな、複数の生業をこなすのが当たり前であった。観光産業への積極的な参入は、貧しさから抜け出したい、少しでもよい暮らしをしたいという気持ちの現れなのである。離島ブームによる観光産業への参入は、漁船の大型化・近代化による生活改善と同様に、貧困から抜け出し豊かに暮らすための手段のひとつだったのである。

6-2　なぜ観光産業から撤退するのか

現在、西ノ島の生活はそれほど貧しいものではない。宮本常一が『日本の離島』で描いたような貧しいすがたを、西ノ島をはじめとした離島で見ることは現在ではむずかしい。西ノ島では、十分といえるほどではないが、島の中心部へ行けば、日常生活に必要なものはそろう。スーパーもあり、とくに生活に困ることはない。

観光開発に対する島の人々の態度について、とある町役場の人は「地元の人が、あのー、あんまり勉強してないですね。やる気というか、稼いでやろうという気がないんですね」といった。たとえば、キャンセルが出ても観光協会に連絡しない民宿もあるという。そのため、実際にはキャンセルのため空室があるのだが、空室がないことになってしまう。観光協会のほうから空いているか民宿に確認して、初めて空室があることがわかるといった状態だというのだ。

このことは、民宿での聞き取り調査でも聞かれたことだ。旅館などの大きいところは別だが、小さな民宿では無理に泊めないところが少なくない。知り合いやなじみの客しか泊めないところもあるほどである。年をとってきて体がしんどくなってきたから、やめてしまった、そろそろやめようと思っているという民宿の人たちも多い。

以下に見るのは、ある民宿の家族の人たちと話していたときの、家族同士の会話である。

A「じゃけん、〔民宿は〕魅力のある仕事じゃないということじゃないですか。一〇〇軒もあった民宿がもう半分も〔なくなってる〕」

B「お客もおらんしね」

A「お客も減ったし、それから〔民宿の〕後継ぎがないということは、あんまり魅力が、〔親は〕みんな嫌だ嫌だいって、あれを見ておれば、みんな継がない継がないいう、子供は」（〔　〕内筆者）

大きな旅館はともかく、小さな民宿では後継ぎがいるところは、ほとんどない。民宿は、朝は早く夜は遅く、客商売によるストレスなど、楽な仕事ではない。このことから見ると、グリーン・ツーリズムなどでは、ふつうの家庭に宿泊する民泊が計画に盛り込まれているが、継続的なものとしていくのは厳しいだろう。最盛期に一〇〇軒もあった西ノ島の民宿が減少していった背景には、観光客数の減少だけでなく、民宿を支える人々が高齢化し、後継ぎがいないために廃業するという理由が大きい。

離島ブームのころ、島の人々が貧困から抜け出すための手段であった民宿経営も、今では役割を果たさなくなっている。とくに民宿を支える高齢者は、今となっては、それほど多くの現金を必要としていない。住む家もあり、自分の食べる分ぐらいは畑で作っている。ある程度の蓄えもあり、年金ももらっている。それなりに暮らしていけるのであり、どうしても働かなければいけない理由はない。ある意味では、民宿の減少と観光客の減少との連動は、島の人々のニーズに合わせての減少とも考えられるのである。

7　生活者にとっての観光

ひとつ考えてみたいのは、誰が観光振興を望んでいるのかである。五全総以降の政府の方針転換に従い、地方自治体は自立を求めざるをえないが、そのための手段である産業を見つけることはむずかしい。そのため、安易に飛びつきやすい観光産業が唯一の選択肢となっている。観光開発とは、自立して島社会が生き残るための手段を意味しているのである。しかし、その必要性を誰が感じているのであろうか。

見てきたように、西ノ島の観光を支えてきた島の人々の多くは、もはや観光開発から撤退している。若い人にしても、観光開発に参入する必要はない。すでに仕事もあり、生活は成り立っているからだ。生活できなければ、高度成長期のころのように、仕事を求めて島の外へ出ていくだろう。

もちろん、ある程度の規模の旅館などでは、さまざまな工夫をして、必死に集客の努力をしている。旅館を継続させ、自分たちの生活を維持していく必要があるからである。これらの努力は、戦後すぐ

冬の西ノ島　第２章で見たように、冬の隠岐に訪れる観光客は少ない。

の観光客も来ないなかで観光開発を行なったことのように、今後につながっていく可能性をもっている。そのことを西ノ島観光の動きとして評価できるかもしれないが、局所的なものであり、島全体の動きと見ることはむずかしいであろう。

本章は、不十分なものであるが、日常生活から見た西ノ島観光史の試みであった。その歴史から見えてくるものは、西ノ島の観光を支えてきたのは、多くの島の人々であったということである。季節性が高すぎて観光産業への専従がむずかしい西ノ島の観光産業は、民宿をはじめとした副業によって支えられてきた。さらに重要なのは、多くの人々が参入したのは、島で生きていくため、より豊かな生活をするためだということである。そこにあるのは、生活者としてのすがたである。理

三田八幡宮祭　漁師の町らしく船が利用されている。島を出た人も祭に参加しようと戻ってくるため、盛大である。

念として観光による地域振興をいうのはたやすい。問題は、生活者として多くの人々が求めているかなのである。

今の西ノ島で、生活者として観光を求めている人は少ない。だからといって、今後も必要性が出てこないとはかぎらない。それは、さまざまな理由で都市部を離れ、親元を頼り島に戻るUターン者かもしれない、新たな生活を求めるIターン者かもしれない、景気低迷のなかなんらかの副業を求める島の人々かもしれない。さまざまな条件から必要性が出てくる可能性もある。そのときこそ、西ノ島で培ってきた経験が役に立つのだろう(22)。

注

(1)　筆者は、二〇〇一年八月より九月にかけて、西ノ島町の旅館からの協力を受け、アルバイトをしながら、西ノ島を中心に隠岐諸島島前での調査を行なった。また、二〇〇九年三月にも調査を行なっている。本章は、二〇〇一年の調査データを中心に構成されている。

（2） 国内宿泊旅行①は、進藤（二〇〇四）を参照し、『観光白書』より作成。元データは国土交通省総合政策局による「宿泊観光レクリエーション量」。国内宿泊旅行②は、世界標準の観光統計であるＴＳＡ（Tourism Satellite Account）にそった「旅行・観光消費動向調査」のデータである。二〇〇六年から『観光白書』でもこの数値が採用され、「宿泊観光レクリエーション量」の記載はなくなった（『観光白書』、二〇〇八）。観光統計の不備については、本書との関係が薄いので詳述しないが、進藤（二〇〇四）、国土交通省総合政策局観光企画課（二〇〇五）などに詳しい。

（3） たとえば、前田編（一九九五）、岡本編（二〇〇一）などのテキストでは、日本の戦後観光の具体的な記述はない。塩田・長谷編（一九九四）では、観光史全体一五ページ中、日本の戦後観光史の記述は三ページほど、足羽編（一九九四）では、二一ページ中二ページほどがあてられているにすぎない。そのなかでも溝尾編（二〇〇九）は、一章、三二ページを戦後日本の観光発展に割いている。

（4） 本書に即していえば、海津・真板（二〇〇一）では西表島観光史が記載されており、西ノ島町（一九九五）では、西ノ島観光の詳細な記述がなされている。

（5） 人口に関するデータは二〇一〇年国勢調査より。

（6） 西ノ島の歴史に関しては、西ノ島町（一九七八、一九九五）を参照。西ノ島では、町の歴史を記した町史・町誌として、西ノ島町史編さん委員会による「町史」（『運河のある町』一九七八）および西ノ島町誌編纂委員会による「町誌」（『隠岐 西ノ島の今昔』一九九五）が発行されている。この歴史への関心の高さからも、文化に対する意識の高さがうかがわれる。

（7） 人口データは二〇一〇年国勢調査より。過去のデータは、国勢調査および『西ノ島町町勢要覧』より。隠岐で調査を始めたころの二〇〇〇年には、人口三八〇四人、六五歳以上高齢化率は三三・六％であった。この一〇年のあいだにも、過疎化・高齢化が進んでいる。
(8) 産業に関する統計データは国勢調査より。
(9) 漁業関係の順位および数値は、『離島統計年報二〇一二』(日本離島センター、二〇一四)より。元データは『漁業養殖業生産統計』である。
(10) 一九八五年の漁獲量データは『西ノ島町町勢要覧』より。
(11) 一九八五年の漁業人口データは西ノ島町(一九九五)より。
(12) 二〇〇七年の町勢要覧でも当時の扇谷豪町長は、「漁業・観光・畜産を基幹産業としてまちづくりを進めております」(『西ノ島町町勢要覧』、二〇〇七)と述べている。二〇一四年には観光と畜産の位置が入れ替わっているのが、気になるところである。
(13) 西ノ島のマンホールにはイカがデザインされており、西ノ島のイメージキャラクターはイカの「活っちゃん」である。
(14) 観光資源に関しては、『西ノ島町』町勢要覧や聞き取りデータを参照。
(15) 一九五七年に昼夜送電となったが使用量制限は続いており、自由に使えるようになるのは一九六四年であった。また水道は、一九五四年から簡易水道が整備され始めている(西ノ島町、一九九五)。もっとも、このような当時の生活状況は、離島だけにかぎられるものではなく、中山間の「僻地」などにも広くみられたものである。
(16) 現在の西ノ島町は、一九五六年に浦郷町と黒木村が合併してできた町である。
(17) 当時の西ノ島における観光開発に関しては、西ノ島町(一九七八、一九九五)を参照。
(18) これと同じ状況は、現在の高速船でも見られる。直通便では一時間だが、島後経由では二時間かかり、二時間半のフェリーとの差は小さい。
(19) 『岩波写真文庫』は一九五〇年から一九五八年にかけて刊行されている。そのNO．119『隠岐』の刊行は一九五四年である。

(20) 沖縄海洋博覧会および沖縄観光の変遷については、多田(二〇〇四、二〇〇八)、吉見(二〇〇五)などを参照。沖縄県の観光客数のデータは、多田(二〇〇四)および『離島関係資料』参照。

(21) 民宿、旅館・ホテルの数は、西ノ島町(一九九五)、西ノ島町産業観光課提供の「隠岐島前民宿組合連合収支決算書会費」および『離島統計年報』より。旅館に関しても、一九七一年の二九軒から、一九九〇年には二〇軒以下に減少している、その後は減少が抑えられているが、二〇〇一年には一六軒、現在は一四軒である。

(22) この点に関して、つたないものであるが、西ノ島町のNPO法人の事例から考察したことがある(古村、二〇一一b)。

第4章　エコツーリズムと自然保護
——八重山諸島西表島を事例として——

1　本章の位置づけと構成

大学の授業で学生たちに、本書であつかっている四つの離島について聞くと、小笠原諸島と西表島がよく知られている。もっとも、小笠原諸島が知られるようになったのは世界自然遺産登録以降であり、それ以前には隠岐諸島よりも知られていなかった。また、西表島について知っていることを聞くと、第一に返ってくる答えはイリオモテヤマネコである。多くの学生たちは、この名前をどこかで聞いて知っている。イリオモテヤマネコによって、西表島は広く知られているのである。

また、これらの離島に行ったことがあるかと聞くと、数十人学生がいれば、一人か二人から、修学旅行などで西表島に行ったことがある、兄弟姉妹が行ったことがあるとの答えが返ってくる。いっぽうで、それ以外の島に行ったことがある学生は稀である。このことは、第2章で見た西表島の観光客の多さが反映されているからであろう。ほかの三島と比べれば、西表島観光は身近なものである。

多くの離島、とくに隠岐諸島西ノ島のような離島振興法指定の離島は、既存産業の衰退のなか、政府の方針もあいまって「観光依存度」を高めようとしているが、観光客が来ないため高めようがない現状にある。それに対して、西表島の「観光依存度」は高いものとなっている。もっとも、西表島に限らず、沖縄の離島にはこの傾向が強く、また年々高まっている。とくに、日本の最西南である八重山諸島ではこの傾向が強く見られる。

もう一つの指標である「離島性」について西表島を見ると、観光客が多く訪れることもあり、定期船の便数が日に二〇本ほどと多く、運航時間帯も長いために、「隔絶性」は相対的に低くなっている。また西表島の属する竹富町では、町役場が竹富町内ではなく石垣市である石垣島に置かれている。さらに行政機関のみならず、とくべつな買い物、ある程度高度な医療、高校への進学など、石垣島の存在は欠かせないものとなっている。ごく日常的な範囲では島から出ることもなく「完結性」をもっているが、必要があれば石垣島へ行く必要があり、また容易に行くこともできる。そのため、石垣島への依存性が高く、ある種の従属的な関係性をもつのである。これらのことがあいまって、西表島は「離島性」が低い島となっている。離島のタイポロジーからすると沖縄県八重山諸島西表島は、「離島性」が低く、「観光依存度」が高い第二類型の離島として分類される。

また西表島の最大の特色としては、イリオモテヤマネコやマングローブ林など貴重な生態系が存在していることがあげられる。そのために、西表野生生物保護センター、琉球大学熱帯生物圏研究センター、東海大学沖縄地域研究センターなどが設置されており、生態学者を中心に多くの研究がなされている。さらに、この貴重な自然を保護するために、国内外の自然保護機関からも注目され、島内外の人々によって活発な活動が行なわれてきた島でもある。貴重な生態系の存在、それが保護されてきたことにより、西表島は、次の世界自然遺産候補である「奄美・琉球」における中心的な地域となっている。

この貴重な生態系ゆえに西表島は、第1章で見たように環境庁（現環境省）による「国内エコツーリズム推進方策検討調査」の対象地域に選ばれている。この国家行政機関主導による日本初のエコツーリズム導入がなされたことにより、エコツーリズムの先進地域となった。さらに先進地域ゆえに、観光研究者などによって注目され、日本で最も多くエコツーリズム研究がなされている地域でもある。このエコツーリズムの先進地域にして、エコツーリズム研究の先進地域でもある西表島を事例として、島の人々の「日常生活」からエコツーリズムを見ていくことが本章の目的である。とくに、西表島で積極的に行なわれてきた自然保護活動、それとの関係のなかで西表島におけるエコツーリズムの意味を考えていく。なお本章の考察は、西表島観光が最も順調に推移していた二〇〇〇年代後半の記録である[(1)]。

本章の構成は、つづく第2節では、西表島社会、観光、エコツーリズムの三つの概況を見ることにより、それ以降の論述につなげる。第3節においては、西表島でのカヌー・ツアーに対する島の人々の反応を見ていくとともに、このカヌー・ツアーを分析した既存研究の成果と限界を検討する。そのうえで第4節では、カヌー・ツアーを中心としたエコツーリズム、および西表島祖納の伝統文化に基づいたエコツーリズム、この二つに西表島のエコツーリズムが分離していることを明らかにし、どちらの方向性にしても島の人々の日常生活からかけ離れたものとなっていることを考察する。ここまでの検討と考察をもとに最後の第5節において、西表島における自然保護の歴史、社会の状況から、自然保護や伝統文化に基づいたエコツーリズムが島の人々にとってもつ意味を考えていく。

2　西表島観光の現状

2－1　西表島の概況

西表島は、東経一二三度、北緯二四度、日本列島の南西の端に位置する。気候は亜熱帯であり、九〇%を森林が覆っている。面積は約二九〇平方キロメートルと、日本の離島のなかでは七番目に大きい。西表島の属する竹富町には、赤瓦の家並で有名な竹富島、NHKの朝の連続テレビ小説「ちゅらさん」の舞台となったことで知られる小浜島、水牛車で渡る由布島、日本最南端の波照間島など、一〇の有人島がある。[2] すでに見たように、竹富町役場などの公的機関は石垣市に置かれており、また、ほかの竹富町の島々に渡るには、基本的に石垣島を経由しなければならない。[3] 竹富町の中心は石垣市にあり、竹富町の島々は石垣島に対してある種の従属的な関係性をもっている。

二〇一〇年の国勢調査によると、西表島の人口は二二一九人、六五歳以上高齢化率一六・九%、一五歳未満年少率一六・九%と全国と比べると高齢化・少子化は進んでいない。「僻地」にありながら、

役場移転予定地の離島振興総合センター　青い看板には「役場移転早期実現!!」とある。竹富町役場を西表に移転する計画があるが、ほかの島や役場職員の反対のため難航している。竹富町のほかの島からしてみれば、西表に移転してもメリットはまったくないからである。

過疎化・高齢化へ向かっていない点が特徴的である。日本の多くの離島と同様に、一九八〇年代までは西表島でも過疎化・高齢化が進展していたが、それ以降は増加に転じている。この要因としては、内地からの移住者の存在がある。現在、「南の島」、とくに沖縄への移住を希望する人は少なくなく、そのためのマニュアル本なども発行されているほどである[4]。この移住者が、西表島の過疎化・高齢化を食いとめる大きな要因となっているのである。

西表島における産業は農業が中心であったが、近年は観光業を中心とした第三次産業の伸びがいちじるしい。二〇一〇年の国勢調査によると、第一次産業従事者は一六・三%、うち農業従事者一四・

七%であるが、年を追うごとに比率は下がっている。第三次産業従事者は六八・一%、そのうち飲食店・宿泊業従事者は二七・五%となっている。この数値は全国の五倍であり、観光産業従事者の割合は高い。

2-2 西表島観光の概況

沖縄国際海洋博覧会の開かれた一九七五年、西表島の観光客は四万人強と、現在の隠岐西ノ島と同じくらいであった。離島ブームの余韻が残る西ノ島での同年の観光客数は一四万人であり、はるかに西表のほうが少なかったのである。その後、隠岐諸島は停滞していくが、西表島の観光客数は順調に伸びつづけ、一九八九年には一〇万人を超えて西ノ島と肩を並べる。一九九五年には二〇万人、二〇〇二年には三〇万人、さらに二〇〇七年には四〇万人を超え、三〇年ほどで一〇倍に成長している。[5] この頃の観光客の伸びは、「ちゅらさん」などによって起こった八重山ブームの影響が大きい。[6]

その後、二〇〇八年の微減の後、二〇一一年までには二五万人にまで急激に落ち込みを見せている。西表島では八重山ブームが終わったといわれていた。しかし、二〇一三年の石垣島新空港の開港および低価格航空会社LCCの就航により、八重山観光は回復を見せ、二〇一三年には三四万人となっている。近年の増減はあるが、離島のなかで西表島の観光客は多く、減少したときでも、上位二〇位以内に入っている。それでは、西表島観光の典型的モデルはどのようなものか、以下、概観してみる。

朝、石垣島のホテルを出発し、西表島への船が出る離島桟橋へ向かう。西表へは定期船で四〇分ほ

大型バス

どだ。定期船は、本数も多く、速度も速い。島内の移動は基本的に大型バスが使われる。バスで裏内川へ移動、遊覧船に乗りかえ、マングローブ林のなかでジャングル・クルーズを楽しむ。上流の船着場到着後、マリウドの滝、カンピレーの滝まで往復三時間かけてハイキング。ハイキングのための道は、橋がかけられ、階段が作られているので、歩きやすい。昼食をとった後、星砂の浜でひと泳ぎ。その後、由布島まで牛車にゆられて渡る。夕方には、石垣島行きの定期船に乗り、石垣島のホテルへと戻る。[7] コースによっては、西表島・由布島・小浜島・竹富島の四つの島を一日で回るツアーもある。この場合西表島には、数時間しか滞在しないことになる。

　西表島には数十万人と多くの観光客が訪れているが、その多くは、以上のような通過型マス・ツアーの客である。西表島宿泊者数については、二

遊覧船

多数の観光客を乗せて由布島へ向かう６台の牛車　牛車はのんびりだが、ツアーは忙しそうだ。

〇〇四年以降のデータは発表されていないが、一九九〇年代は全観光客数の二割ほど、二〇〇〇年代初頭には三割ほどの延べ宿泊者数があった[8]。また、二〇〇一年の竹富町の調査では、全体の九割ほどが団体客であり、八割ほどが日帰り観光客だとされている（竹富町商工観光課、二〇〇二）。つまり、たしかに西表島は多くの観光客を集めているが、島外の旅行会社が企画した通過型マス・ツアーが中心であり、観光による収入が少ないということである。これは、マス・ツーリズムの弊害として指摘されている構造であり、新たな観光形態としてのエコツーリズムで知られている西表島でも、この構造を抜け出しているわけではない。

いっぽうで、西表島への日帰り観光客を送り出している石垣島には、二〇一〇年に七二万人の観光客が訪れており、公表されている統計データ上は、同数の観光客が宿泊している。石垣島は観光客数、宿泊者数ともに、日本の離島のなかでは最大の観光客を集めている。また、八重山の離島へのマス・ツアーを主催している会社も多い。

西表島観光は石垣島に従属的な構造となっているのだが、この状況をふまえたうえでも、経済的に重要なものである。経済学者の富川盛武は、二〇〇〇年の西表島における収入全体の一三％が観光によるもの、就業者の一三％が観光に関与しているものとしており、この割合が「観光立県の沖縄県全体」とほぼ同率であることから、西表島における観光産業の重要性を指摘している。また、竹富町の一人当たりの収入が、一九八五年の一四八万円（県全体で一八位）から一九九九年には二四七万円（同八位）に上昇したとし、その要因として観光による収入の増加を指摘している（富川、二〇〇三）。富川の調査以降も西表島観光は順調に拡大していることから、収入や雇用の面で、観光産業の重要性はより拡大していると考えられる。

2-3　西表島のエコツーリズム

マス・ツーリズムが多いとはいえ、エコツアーは西表島の観光を代表するものである。通過型マス・ツーリズムでも、個人での日帰り観光でも、西表島の自然を満喫できるエコツアーが準備されている。このエコツアーの代表的なものとしてあげられるのが、カヌー・ツアーである。西表島のエコツアーとしては、一泊二日で島を横断するツアーなどトレッキングだけのツアーなどもあるが、現時点ではとりあつかう業者も少なく、一般的ではない。ほかにも生態観測を行なうナイト・ツアーやシュノーケリング・ツアーなどもあるが、最もポピュラーなのは、カヌー・ツアーとトレッキング・ツアーがセットになったものである。そのなかでも人気の高い「ピナイサーラの滝」へのツアーについて、以下、実際のツアーの状況を再現してみよう。

朝、ホテルもしくは港への迎えのワゴン車に乗り、マーレ川のカヌー乗り場へと向かう。あたりにはすでにいくつものワゴン車が止まっている。ライフジャケットを着用し、カヌーをこぐためのパドルを持ち、川岸へと向かう。途中、ガイドからカヌーの講習を受ける。ガイドが川岸のカヌー置き場から川へとカヌーを運び込み、参加者たちはカヌーに乗り込む。このカヌー置き場は、カヌー組合に参加している業者だけが利用可能なものである。また、ピナイサーラの滝ツアーでは、ガイド一人に

カヌーに囲まれたガイドがマングローブの説明をしている。

つき客は七人まで、ガイドは一日に二回までと、カヌー組合による自主ルールによって規制がなされている。オーバー・ユースにより自然破壊が進まないための配慮である。

カヌーに乗り、マングローブ林に囲まれた川を上っていく。途中、ガイドによって、マングローブ林や周囲の動植物の説明などが行なわれる。川上のカヌー着場に上陸後、ピナイサーラの滝を目指しトレッキング。トレッキングの道は、基本的に自然のままの状態になっている。サキシマスオウの木など動植物に関する説明がガイドによってなされる。

ピナイサーラの滝に到着。ピナイサーラの滝は沖縄県では、一番落差のある滝であり、その雄大な景色を楽しむ。滝つぼで泳ぐこともできる。以前は、岩の上から滝つぼに飛び込むこともできたが、危険なため今は禁止されている。

手前のガイドが植生の説明をしている。

ピナイサーラの滝で、沖縄そばなどの昼食をとるツアーもある。半日ツアーならば、このままもと来たコースを戻る。一日ツアーでは、滝の上までトレッキングで上り、滝の上からの景色を楽しむ。

こうしたツアーが、西表島のエコツアーとしては典型的なものである。ここには、貴重な自然環境を持続的に利用していくための自主ルールに基づいた自然保護の仕組みがあり、観光客は楽しみながら学ぶエコツアーのすがたがある。

第1章第5節で見たように、西表島のエコツーリズムは、一九九〇年の環境庁（現環境省）による「国内エコツーリズム推進方策検討調査」において、知床や屋久島などとともに対象地域に選ばれたことに始まる。この調査と関係して、西表島では「自然体験活動推進方策検討調査」が行なわれている。その成果として一九九四年に、国内初のエコツーリズムのガイドブック『ヤマナ・カーラ・スナ・ピトゥ　西表島エコツーリズム・ガイドブック』が発行された。さらに一九九六年には、日本初のエコツーリズム協会「西表島エコツーリズム協会」が発足し、同時にカヌー組合も発足している。その後の二〇〇二年には、エコツーリズムを推進する拠点として、西表島エコツーリズム・センターが建てられた。このように西表島のエコツーリズムは、一九九〇年代後半から始まったカヌー・ツアーの盛り上がりと並行して、先進的にかたちを整えていったのである(9)。

西表島でのエコツーリズムの取り組みは、エコツーリズム協会の一九九九年「地域づくり自治大臣賞」および二〇〇〇年「自然環境功労者環境庁長官賞」の受賞、仲間川地区保全利用協定締結業者の環境省による二〇〇五年「第一回エコツーリズム大賞」の特別賞受賞など、国の行政機関から高く評価されている。また、エコツーリズム研究のなかでも、成功例として紹介され、評価されてきた(10)。

3　島の人々から見たエコツーリズム

3-1　カヌー・ツアーに対する反感

それでは、西表島のカヌー・ツアーを中心としたエコツーリズムは、島の人々にどのようにとらえられているのだろうか。本節では、エコツーリズムの業者が多い上原地区での聞き取り調査と参与観察を中心に、この点を明らかにしていく。

西表島は、西部と東部に分かれている[11]。現在、西部と東部合わせて一四の集落があるが、西部の祖納、干立、東部の古見の三集落は、琉球王朝時代からつづく伝統的な集落である。昔はより多くの伝統的集落があったが、悪性マラリヤや過疎化のために廃村となってしまった。白浜は大正時代に炭鉱町として開かれたが、それ以外は戦後の琉球政府による計画移民や自由移民によって、開かれた集落である。本章における調査の中心である西部にある上原地区は、戦後の移民によって作られた地区であり、いくつかの集落からなっている。また、近年の内地（沖縄県以外の日本）からの移住者が最も多い地区でもある。この上原地区は、沖縄本島、宮古島、竹富町の島々など沖縄県からの移民、内地からの移民からなり、この多様な出身から「合衆国」と呼ばれることもある。さらに、西表島で最も人口が多く、若者や子供が多い地区である[12]。

ある島の人にエコツーリズムについて話を聞くと、「あれはエコじゃなくて、エゴツーリズムだね」と返事がかえってきた。自然保護とは無関係に、むしろ自然を破壊しながら、商売のために自然を利用しているという意味である。とくに、こうした反応を引き出すのはカヌー・ツアーである。元々は民宿でのサービスの一環として始まったカヌーの貸し出しであるが、二〇〇〇年代にガイドつきカヌー・ツアーを行なう業者が急増した。現在、カヌー組合に参加していない事業所もあり、その数は定かではないが、五〇以上の業者が乱立しているという。

カヌー・ツアーへの反感は、同時に、エコツーリズム自体への反感へとつながりやすい。たとえば、とあるカヌー業者の「今の西表でいえばね、どんなかたちであれツアーをやれば、わたしはエコツー

注11にある西部と東部を結ぶ北岸道路　ガザミ（カニ）をとるためのワナを仕掛けている。

リズムですと名のれば、エコツーリズムになるんですよ。あれは、おかしいでしょ」との語りのなかに示されている。自然環境への配慮とは無関係に、「エコツアー」や「エコツーリズム」ということばが集客のための看板、記号となっているというのである。

また、ほかのガイドも「エコツアーでやってる人は少ない。ごく一部。深く考えてる人は少ない。現状見てると、欲が見えて仕方がない」と語っている。そのうえで、「ぼくも金儲けの道具。みんな商売の道具にエコを使ってる。だから、エコを嫌ってる人もいる」とつづけた。もちろん、このガイドが自然環境に配慮していないわけではない。ただ、エコツーリズムと名のれば、より多くの客を集めることができる。このガイドは内地出身者であるが、島に住みつづけ、生活していくための手段として「エコツーリズム」という記号を使っているというのだ。

カヌー・ツアーへの参入は容易である。西表島のカヌー・ツアーは、海へ出ないかぎり、むずかしい技術は必要とされず、動力船などに比べると設備投資費は少なく、維持費も安い。極端な場合、カヌーと備品、送迎のためのワゴン車、携帯電話を用意し、ホーム・ページを開設すれば、エコツアーを始めることができる。内地からの出身者が島に住みつづけるための手段として、エコツーリズムのガイドになることは少なくない。

島内のエコツーリズム関係者からも批判が出ているが、エコツーリズム関連の研究においても、カヌー・ツアーに関する西表島エコツーリズム批判がなされている。以下、それらの研究を見ていきたい。

3−2　西表島エコツーリズムに対する批判的研究

生態学者である奥田夏樹は、カヌー・ツアーによるヒナイ川のオーバー・ユースにより、「希少種の絶滅可能性の増大を含めた自然環境の破壊」の可能性を指摘している。さらに、現行のカヌー組合による自主規制では、自然破壊を止めることができないとも指摘する。その理由としては、カヌー組合に所属しない業者があること、自主規制に違反してもペナルティが弱いこと、さらに、現在の利用制限には科学的な根拠はなく、その制限も弱いものであることなどがあげられている（奥田、二〇〇七）。

この奥田の指摘は、生態学の視点からのカヌー・ツアーの現状に対する批判であるが、さらに彼は、西表島への移住者、ニューカマーの問題も指摘する。西表島におけるカヌー・ツアーの大半は、「『自然への憧れ』を抱いた外部出身者が憧れの地域で暮らす手段を提供しているに過ぎない」ものであり、地域振興には役立っていないというのである（奥田、二〇〇七、八五頁）。

島へのニューカマーの問題は、西表島のエコツーリズムを分析する際に、重要な論点としてとりあげられることが少なくない。すでに見たように、西表島では、「南の島」にあこがれた内地の人々が移住を望むケースが多く、とくにエコツーリズムの盛況以降、移住者の増加はいちじるしい。カヌー・ガイドを必要とするエコツーリズムは、ニューカマーが西表島で暮らしていくための手段のひとつとなっているのである。このニューカマーの状況は、西表島のエコツーリズムの実態と切り離せない側面をもつ。

環境社会学者の松村正治は、ニューカマー主導によるエコツーリズムという観点から、西表島の現状を分析している。彼は、エコツーリズム「協会に加盟している観光関連業者の多くは島外出身者によるものであり、エコツアーのガイド役もほとんど島外出身者である」としている。そのうえで、島外出身者主導による西表島のエコツーリズムは、島出身者である島人の雇用を創設しないと批判している（松村、二〇〇四、九〇頁）。

さらに、島出身者がエコツーリズムに関与しない理由について、松村はカヌー・ツアーに関連した自然環境への知識と技術のあり方を問題としている。カヌー・ツアーのガイドに求められるのは、西

ピナイサーラの滝へ向かう登山道近く　多くのカヌーであふれている。

表島の自然を観光客たちに見せるための「眺めるための知識・技能」であり、それは島出身者のもっている伝統的な生活のなかで培われてきた自然に「関わるための知識・技能」とは異なるというのだ。自然を見せること、体験することを中心とした現状でのカヌー・ツアーは、「眺める」ことに重点が置かれ、「関わるための知識・技能」が活かされることは少ない。また、島出身者たちは島の自然への関与が深いために、島外出身者のもつ「西表島の自然を相対化する視点」をもつことが困難であり、カヌー・ツアーへの参入が困難になっているというのである（松村、二〇〇四、九一－九二頁）。

これらの分析において、西表島でのエコツーリズムは、たしかにガイドの仕事を作り出しているのだが、実質的には移住者によって行なわれており、自然保護にも雇用を中心とした地域振興にもさほど貢献していないとされている。さらに松村は、エコツーリズムに必要とされているのはニューカマーがもつ「知識・技能」もしくは「視点」であり、西表島出身者は、それらの「知識・技能」や「視点」を獲得することがむずかしく、エコツーリズムに参入できないとしている（松村、二〇〇四）。これらの分析は、一見すると理解しやすいものに思える。

ニューカマーと当該地域出身者の対立軸の設定は、自然保護の文脈、エコツーリズムやヘリテージツーリズムなど自然や伝統文化の保護を志向する観光の文脈において、しばしば見られる分析軸である[13]。新たに移住したニューカマーは、地域の自然や伝統文化を地域の価値として意識することが多い。いっぽう、もとからの住民にとっては自然や伝統文化の保護と相反する開発が重要なものとして意識され、対立が生じるという構図である。松村らの分析は、こうした視点から、西表島のエコツーリズムやカヌー・ツアーへの反感を説明したものである。

この分析軸は、たしかにエコツーリズムをめぐる島の人々のあいだにある関係性の一面を取り出しているともいえよう。しかし、この分析では、ニューカマーのもつ可能性を制限しかねない[14]。さらに、わかりやすい二項対立として見ることによって、島の人々の関係を単純化し、島の生活のリアルな変容プロセスをとらえきれていないように思える。ここで注目してみたいのは、西表島の人々が示すエコツーリズムへの一種のあいまいで複雑な「距離感」である。エコツーリズムに対する島の人々の態度とは、単純な肯定、否定に還元できないあいまいな領域のなかに、その現実があると思われるからである。以下この点について見ていきたい。

4　エコツーリズムへの距離感

4－1　エコツーリズムに対する距離感

すでに見たエコツーリズムへの反感は、初めのことばをのぞき、カヌー・ガイドなどエコツーリズムに深く関係している人々からの聞き取りに基づいて構成したものである。関与しているからこそ、語ることのできることばなのである。それでは、とくにエコツーリズムに関与していない、もしくは関与の薄い人々は、どのように考えているのだろうか。

あるカヌー・ガイドは、エコツーリズムを島の人がどのように思っているかについて、「みんな地域の人は、エコツーリズムに対して、いいように思ってないか」といい、少し間をおいた後、「何もわかってないよね。関心がない」とつづけた。とくにエコツーリズムに関わっていない多くの島の人々にとっては、反感もあるだろうが、それよりも、興味がないし、関心も薄いというのである。

また、ある農家の人に、エコツーリズムやカヌー・ツアーのことが島の人々のあいだで話題にのぼるかと聞くと、「しないよ。あんたがこうやって聞くから、話してるんだよ」と返事がかえってきた。島のなかでは、日常的にエコツーリズムの話題が出てくることはないというのである。ただ、よくよく聞いてみると、「あっ、話してるか」といった答えが返ってくることもある。意識して考えるほどのこともない些細な話題のようである。

海岸への漂着物の清掃活動であるビーチ・クリーン大作戦

カヌー・ツアーの現状についても、道路から川を見て、「たくさんカヌーがあるな、たくさん来ているな」程度のものであり、「内地から研究者やカヌーの人が来ているのは知ってるけど、よくわからない」というのが、よくある反応である。エコツーリズムについても、カヌー・ツアーについても、普段の生活からは、「距離感」があるものなのだ。

エコツーリズム協会の活動に対しても同様な「距離感」が見られる。発足してから二〇年ほど経過し、西表エコツーリズム・センターが設立されて一〇年以上たつにもかかわらず、島の人々のあいだに十分に浸透しているとはいいがたい。協会の行なうビーチ・クリーン大作戦や島人文化祭は広く知られてきたが、それでも、「何をしているのかわからない」、場合によっては建物の存在自体を知らないという人もいる。この点は、協会の関係者も気にしている点であり、第1章で見た高橋の批判のように研究者も指摘している点でもある（高橋、二〇〇五b）。

4-2　二つのエコツーリズム

西表島エコツーリズム協会の活動は、原生自然の保護だけでなく、島の伝統文化の保護と育成も課題としており、カヌー・ツアーは一部でしかない。協会の活動のもととなるのは、石垣金星氏を中心とした「西表をほりおこす会」の参加者が、外部資本によるリゾート開発への危機感から、開発の中止を求めたこと、また、琉球王朝時代からつづく租納の伝統文化、そこで育まれた稲作に関わる自然を守ろうということから始まったものである。ここでいわれている「自然」とは、現在のエコツーリズム・ブームのなかでとりあげられる「貴重な自然」といったものではなく、農耕文化を取りまく生活と関わる自然である。

この活動のなかでは、観光という発想も、カヌー・ツアーやエコツーリズムといった発想も当初は存在していなかった。それが、自然体験型のエコツーリズムへと変化していった契機は、環境庁による「自然体験活動推進方策検討調査」が行なわれたことにある。その後、国や県、民間業者によってエコツーリズムが推し進められたが、当時のカヌー・ブームに押され、西表島のエコツーリズムはカヌー・ツアーととらえられるほどに、カヌー・ツアー一辺倒になっていったのである。

その経緯から見ると、西表島のエコツーリズムは、二つの方向性から発生している。一つは前述の

祖納の伝統家屋

祖納の田園風景

カヌー・ツアーであり、もう一つは「西表をほりおこす会」を中心とした伝統文化や生活に基づく自然の保護を中心とした活動である。この第二の方向性においては、八重山諸島に古くから伝わる織物技術の伝承や、祖納など古くからある集落の伝統行事や農法を守り育成することが活動の中心となっている。これらの取り組みは、伝統的な西表島の生活を守ることを目指すものであり、まちづくり活動へとつながる側面はあるが、かならずしも観光に直結するものではない。

二つの方向性をもったものとして西表島のエコツーリズムを見れば、それぞれの特徴をより明確にすることができる。いっぽうのカヌー・ツアーに代表される観光への取り組みは、近代西洋を起源とする自然体験、自然観察型のエコツーリズムである。エコツーリズムの根本には、近代西洋の生態学の「知」に基づく自然観がある。実態がどうであれ、西表島の自然保護活動の流れが、現在のエコツーリズムをある程度は支えている。さらにいうならば、この貴重な生態系の保護活動は、島の人々の生活と無関係に存在する「自然」が前提とされているのである。

もういっぽうの伝統文化保存の取り組みは、祖納などに古くから存在してきた「生活」に根ざした伝統文化、およびそれを取りまく「自然」を基礎としている。それは、ちょうど松村のいう「関わるための知識・技能」に基づく自然との関わりである。この地域社会の伝統文化、それらと結びついた自然を、観光によって守り育成する方向性は、エコツーリズムと呼ぶことが適切かは別としても、ひとつの地域づくりのあり方であろう。

しかし、島の人々からしてみれば、エコツーリズム協会にカヌー業者も多く加盟していることも

古見での伝統行事の練習風景　若い人には移住者が多い。

あり、カヌー・ツアーとの関わりが深く見える。そのため現実の対応としては、「金儲けに利用している」、「なにをやっているかわからない」、「知らない」といったある種否定的な反応や無関心な態度が表されるのである。このように西表島のエコツーリズムに対する評価が否定的であったり、あいまいな距離感をともなったりして意識されているのは、一つのエコツーリズムということばとエコツーリズム協会という制度のもとで、二つの異なる方向性をもつ錯綜性に、その理由があると思えるのである。しかしいっぽうで、無関心の背景には、もう少し根本的な問題があるようにも思われる。

島の人々がエコツーリズムに距離感を感じているのは、「関わるための知識・技能」に基づく自然との関わりが基盤としている「伝統文化」そのものがすでに継承されていない、あるいは広い範囲で共有されるものとなっていないためだと考えることもできる。西表島は、一九七二年に本土復帰し、それと同時に島の面積の三八％が国立公園に指定された。さらに、島面積の八割以上を国有林が占めているため、利用できる土地は少ない。このため、「生活」のなかにおける自然との関わりは制限されている。また、近代化によるライフスタイルの変化は、それまでの伝統的な自然との関わりを変化させていった。たしかに、祖内や古見といった古い集落では、祭などの伝統的な行事は維持されているが、日常生活レベルでは、伝統的な自然との関わりはかぎられたものとなっていったのである。しかし、このこと以上に、西表島が「移民の島」であるということが、この伝統的な関わりの継承を困難にしている。特定の集落に数百年の伝統を探ることは可能であっても、現在の西表島を構成している多くの集落は、近代になって開拓されたものである。さらに現在の西表島社会は、他の地域からの新しい移住者であるニューカマーの存在を抜きには考えがたい。

5　学問の「知」を超えて

「まあ、無理だろうな」

数人の島の人々が集まったとき、ある人から出たことばだ。そのときの話題はゴルフの話だった。昔、西表島にもゴルフ場があったのだが、今では島外まで行かなければならない。島内にもゴルフ場があればよいのにという話のなかで出たことばである。ゴルフ場を作るのは「無理だろうな」とい

リゾート跡地　ゴルフ場であった場所は草むらとなっている。奥には廃墟となったリゾートの建物が見える。

うことだ。「どうして無理ですか」と聞くと、「どうせ、あいつらが反対するから」、「あいつら、なんでも反対するからな」と笑い話で終わった。

「あいつら」とは、自然保護活動家のことである。島内に住む自然保護活動家が反対するから、ゴルフ場が作られることはないというのだ。おそらく、この人たちは、この話をしたことを憶えてさえいないだろう。生活のなかで消えてしまうような些細な話だ。しかし、このような話は、島出身者であろうとニューカマーであろうと、日常会話として話されていると考えられる。

西表島では、近代西欧を起源とする生態学に基づく自然保護活動が島をおおってきた。返還直後に起きたヤマネコの生存か人間の生存かを争った「ヤマネコ論争」、島の西部と

立て看板には「自然を破壊するニラカナイ反対　絶滅寸前に追い込められた地球上で唯一トゥドゥマリ浜にのみ生息するトゥドゥマリハマグリを救え」とある。

東部を結ぶ横断道路への反対活動、東部の土地改良事業への反対活動、最近では大規模リゾートホテル「ニラカナイ」建設への反対活動である[15]。これらの自然保護活動は、ごく少数の島内に住む自然保護活動家と島外の研究者によって担われており、大多数の島の人々にとっては、生活改善のための開発を制限されるものでもあった。もちろん、これらの活動により西表島の「貴重な自然」が守られたのであり、その意義は否定すべくもない。

　しかし島の人々からしてみれば、とくに生活に直結した道路や土地改良などの開発への反対は、生活を脅かすものとみなされ、自然保護活動への反感が島内の意識として作られていったのである。西表島での自然保護活動は、生態学に基づいた自然保護の「正しさ」によって、島の人々の主体性を剥奪するものでもあった。自分たちの島であるはずなのに、自分たちには決定権がないのである。

現在では、西表島の開発はある程度達成され、生活レベルも向上し、不便さも緩和されている。そのこともあり、開発よりも自然保護に重点を置く、あるいは自然保護を視野に入れた開発というグローバルな潮流も受け入れやすくなっている。その意味では、現在の西表島における自然保護活動は、かならずしも生活を脅かすものではなくなっているのである。しかしながら、その活動の主体から、島の人々が排除されている現状には変わりがない。自分たちとは関わりのないところで自然保護活動が進められている。自分たちのものであるはずの島が、自然保護という「正しさ」の名のもとに、島内外の自然保護活動家や研究者によって占有されている状況である。この状況から、自然保護活動に対するある種の「距離感」が生まれている。自分たちとは「関係がない」とする漠然としたあいまいな「距離感」である。

この自然保護の正当性によって自然が剝奪されている状況と、そのことへの「距離感」は、カヌー・ツアーを中心としたエコツーリズムに対しても同様にある。すでに見たように、カヌー・ツアーに対しては、「エコツーリズム」という記号自体を利用して、島の自然を破壊し、自己利益としていることへの反感が存在している。しかし、より根底にあるのは、そのなかで消費される「自然」もまた、貴重種の保護を前提とした自然保護活動が準拠する自然観と同一であり、その認識に寄りかかることによって、島の生活から離れたところで、エコツーリズムが進められているという感覚であろう。このエコツーリズムの正当性が、ことに内地からの人々によって提示されていることで、自分たちの

パイナップル畑　本文で触れなかったが、西表島では農業も重要な産業である。パイナップルなどのフルーツ栽培、サトウキビ栽培、畜産などが行なわれている。

島の自然が奪われているという構図を作りあげてしまう。近代欧米を出自とする生態学の「知」の体系に基礎をもつ自然保護も、それに立脚したエコツーリズムも、島の生活に関係したものとしてではなく、どこか別の世界でのもののような「距離感」のあるものとして意識されているのである。

これに対して、西表島の伝統文化、それに関わる自然を基礎としたエコツーリズムへの志向性は、西洋的な自然保護活動のあり方やエコツーリズムに対して、それを乗りこえるもうひとつの選択肢となりうる可能性をもっている。しかし、この方向性に対しても、すでに見たように制度的な自然との接触の制限、ライフスタイルの変化、さらに多くの移住者によって成り立つ「移民の島」であるという西表島の現在の状況から、自分たち自身のものとして実感することはむずかしい。祖納や古見といった伝統文化がいまだ祭などの行事として存続している古い地区ではまだしも、新たに作られた上原地区では、この伝統文化はあたかも別の島での出来事のように疎遠なものである。ここにもう一つの「距離感」が現れてくる。

さらに、本来、生活に根づいた伝統文化であったものが、時代の流れのなか、生活の変容のなかで、次第に民俗学の「知」へと回収されていることも指摘できる。とくに、伝統文化の担い手である当事者以外の人々、ニューカマーやライフスタイルそのものが異なる若者にとっては、生活とはかけ離れたものとなっている。民俗学の保存のためのものとなっている側面がそこにはある。伝統文化に基づいたエコツーリズムは、民俗学の「知」を根拠とすることにより、かならずしも現在の生活を基盤とするものにはなりえていないのである。伝統文化・自然へのアプローチもまた、自然保護同様、多くの島の人々にとっては、みずからの主体的関与の可能性を奪われた状況にあるといえよう。

西表島においては、自然保護活動の歴史があり、多様なエコツーリズムの試みが行なわれている。そのため、エコツーリズムのかかえる多様な問題が現れているのである。この問題を乗りこえ、島の主体性を取り戻していくためには、生態学の「知」や民俗学の「知」に基づいた正当性のあり方だけではなく、現在の生活のなかでの自然環境との関わりをも含めたエコツーリズムを構築する努力こそが、必要とされるのではないだろうか。

注

（1）二〇〇六年二月および二〇〇八年九月に現地調査を行なった。これらの調査が本章のもととなっている。なお、その後も二〇一一年三月および二〇一三年八月から九月にかけても現地調査を行なっており、そのときの知見も本章に加えてある。

（2）本章の統計データは、断りのないかぎりは『離島関係資料』および『八重山要覧』より。人口、年齢構成、就業構成に関する元データは、二〇一〇年国勢調査である。

（3）石垣島は、全島が石垣市である。

（4）『アジア楽園マニュアル　好きになっちゃった沖縄の離島』（下川裕治・ぷれすアルファ編、一九九九）をはじめとして、沖縄の離島への長期滞在者、移住者向けのガイドブックが多数出版されている。なおこのガイドブックは、その後二〇〇三年に「新」、二〇〇六年に「もっと」と続編が出版されており、需要の高さがうかがわれる。また、西表島に特化したものとして、「ニッポン楽楽島めぐり　住んでびっくり！西表島」（山下、二〇〇六）が出版されている。

（5）西表島の観光データは竹富町のウェブサイトより。

（6）多田（二〇〇八）などを参照。

（7）いくつかのツアー案内パンフレットから再構成した。

（8）データは、『離島統計年報』より。ただ、西表島では、数日間から一週間ほど滞在するものも多いため、全観光客のうち宿泊する人の割合はこの数値より低くなる。

（9）海津・真板（二〇〇一）、海津（二〇〇五）、竹富町役場商工観光課（二〇〇七）などを参照。

（10）たとえば海津・真板（二〇〇一）、海津（二〇〇五）など。すでに見たように、真板と海津は、西表島における「自然体験活動推進方策検討調査」の中心人物である。また、この真板と海津の評価を受け、無批判に西表島のエコツーリズムを高く評価する研究者もいる。

（11）西部と東部は、一九七七年に完成した北岸道路によって結ばれている。この道路が開通する以前は、西部と東部はそれぞれ別の島のようであり、交流はかぎられていた。道路が開通して初めて東部へ行った西部の人も少なくない。ときには、道路がないために生活上の不便を感じることもあったそうである。

（12）聞き取り調査および参与観察以外にも、竹富町史編集委員会（二〇〇三）なども参照。

（13）たとえば鬼頭（一九九九）、塩路（二〇〇三）など。

（14）このニューカマーのもつ可能性に関しては、第5章において小笠原諸島父島に即してみる。

（15）東部の土地改良事業における島内の自然保護活動家と島の人々との関係に関しては、越智（二〇〇三）に詳しい。

第5章 エコツーリズムと都会意識
——小笠原諸島父島を事例として——

1　本章の位置づけと構成

二〇一一年六月、小笠原諸島は世界自然遺産に登録された。知床に次ぎ、日本では四番目の登録である。登録直後の夏に父島を訪れたが、島の雰囲気は一変したように感じた。以前に訪れたときと異なり、島の人々は忙しそうで、どこか他の有名観光地にいるかのような、そんな感じを受けたのである。世界自然遺産登録から三年ほどを島の人々は「バブル」と呼ぶ。多くの観光客が訪れ、経済的な恩恵は大きかった。

本章は、二〇〇五年春の父島社会を描いたものである。このころには、環境省と林野庁により、知床、琉球諸島とともに小笠原諸島を世界自然遺産に推薦することは決定していたが、その話を島で聞くことは少なかった。それよりも、二〇〇三年に始まった「東京都版エコツーリズム」が島の話題として重要であった。

小笠原諸島は、日本のエコツーリズム発祥の地とされることもあり、東京都版エコツーリズムとあいまって、エコツーリズムの先進地域のひとつである。さらに、観光産業が主要産業であり、「観光依存度」がひじょうに高い。この背景には、ほかの産業の成立が困難である「離島性」の異常な高さが影響している。

父島から最短の市制都市までは一〇〇〇キロメートルと、物理的「隔絶性」がひじょうに高い。また、本土と結ぶ交通機関は船舶にかぎられていること、それも二四時間以上の航路時間がかかり、週一本ほどと本数の少なさ、往復で五万円ほどの料金の高さは、精神的「隔絶性」を高めている。この隔絶性ゆえに、日常生活で島外に出ることは稀であり、社会の「狭小性」はいちじるしく高い。日本では、最も「離島性」の高い島と位置づけることができる。

この「離島性」の高さだけにかぎらず、歴史的経緯からくる社会状況の面でも特異性をもっている。詳しくは第3節で見るが、最も特徴的なのは、移動性の高さである。島の人の大半は、島で生まれ育った人々ではなく、一時的に居住している公務員、都会などから移住してきた人々である。前章で見た西表島も移住者の多い島であるが、その数は比較にならない。また、この移住者の受け入れ先として、観光産業は重要なものとなっている。観光産業が成立しているからこそ、人々の移住も可能なのである。

この「離島性」が高く、「観光依存度」も高い島という類型は、それほど多いものではない。離島性が高すぎれば、観光に依存することも困難であるためである。その意味でも父島は特殊な島であるといえる。しかし、この事例は、特殊であるからこそ、本書の目的である住民の「日常生活」からエコツーリズムを分析するうえで重要な類型であると考えられる。そこで本章では、東京都小笠原諸島父島でのフィールドワークをもとにケース・スタディを示したいと考えている[1]。小笠原研究については、首都大学東京によって『小笠原研究』や『小笠原研究年報』が毎年発行されており、研究の蓄積がある。しかし、自然科学系の研究が中心であり、人文社会科学系の研究は少ない。エコツーリズム研究についても、先進地域ではあるが、その数は少なく、とくに地域住民とエコツーリズムとの関わりについて広く論じられているものはほとんどない[2]。

本章の構成は以下のとおりである。第2節では、自然環境、歴史的環境、社会状況から父島の特異性を概観する。そのうえで、父島のエコツーリズムの変遷と現在の「東京都版エコツーリズム」の特徴を明確化したい。ここまでの概況を見たうえで、第3節では、父島の住民のエコツーリズムへの親和的な態度を明らかにし、その態度の理由を「都会的」というキーワードから考察する。そのうえで、第4節では、父島におけるエコツーリズムへの多様な意味づけを明らかにし、この多様性をもとに第5節においては、伝統的な「生活者」像とは異なった現在の「生活者」像を示してみたい。

2　小笠原エコツーリズム成立のプロセス

2－1　父島の概況

小笠原諸島父島は、東京から南へ約一〇〇〇キロメートルの洋上に位置する[3]。その地理的な特徴としては、ほかの地域と陸続きとなったことのない海洋島であることがあげられる。その距離的な隔絶性とあいまって、独自に進化を遂げた動植物の固有種が多い。この特異な生態系は学術的に貴重とされており、「東洋のガラパゴス」と呼ばれることもあり、世界自然遺産として登録された理由でもある。生態学者などによる関心は高く、多くの研究がなされている。

また、海洋においても、近海はクジラの繁殖地であり、浜辺はアオウミガメの産卵地域である。それゆえ、小笠原ホエールウォッチング協会や小笠原海洋センターなどの研究機関によって調査、研究が進められている。また、小笠原水産センター、小笠原亜熱帯農業センターなど、漁業や農業の研究機関もある。ほかにも気象や地質学など自然科学系の研究が多くなされている。

自然科学に比べると研究者の関心は低めだが、小笠原諸島はその歴史においても独自性をもっている[4]。この島々に人が定住したのは、江戸時代の一八三〇年ごろであり、それ以前は無人島であった。この定住者は、欧米人五人とポリネシア系の人々二〇数名からなり、太平洋捕鯨の基地として水や食料の供給を担っていた。それが日本の領土に編入されたのは一八七六年である。それ以降、八丈島な

父島の中心である大村の町並み

どからの移住が開始され、開拓がなされていった。小笠原諸島は、北海道や沖縄と同様に、先住民のいる土地が日本に編入されたものである。戦前の小笠原は、早期野菜栽培やサンゴ採取、鰹節の加工などにより、経済的に豊かであった。

太平洋戦争が激化していくなか、一九四四年には、わずかな軍属を残し、大半の島民は本土へと強制疎開させられた。そのときの人口は、七七一一人であり、現在の三倍である。このことから当時の豊かさがうかがえる。終戦とともに、小笠原諸島は沖縄と同様に米軍の統治下におかれた。沖縄と異なるのは、日本統治以前から住んでいた欧米人の子孫一二九人をのぞき、島民の帰島が許されなかったことである。米軍統治時代、公用語は英語となり、学校教育も英語でなされた。島は急にアメリカになったのである。そのころに教育を受けた島の人は、日本語を読めないなど、今でも不自由を感じる人も多い。

一九六八年、小笠原諸島は沖縄に先駆け日本に返還された。本土に疎開した人々は二四年ぶりに小笠原諸島に戻ることが可能となったのである。しかし、居住地は父島と母島に制限され、さらに一九七二年には、諸島の大半は国立公園に指定されたため、利用可能な土地が制限されている[5]。それでも返還以降、人口は増加しつづける。これは、疎開していた人々以外にも、当時の離島ブームを背景として、新たに移住する人々も多くいたためである。当時の小笠原諸島は、「南の楽園」のイメージで語られることが多く、このイメージに惹かれ、多くの人々が移り住んだ。この歴史によって、米軍統治時代からの欧米系島民、戦前からの日本系島民とその子孫からなる旧島民、新たに移住した新島民、これらの島民区分が形づくられることとなる。

この歴史背景および地理的条件から、ほかの地域とは大きく異なった社会的特徴を父島はもっている。国勢調査によると二〇〇〇年の父島の人口は二〇一五人、二〇〇五年には一八九八人、二〇一〇年には一八八〇人と、多少減少気味であるが、大きな過疎化に向かっていない。六五歳以上高齢化率に関しても、二〇〇〇年は九・一%、二〇〇五年は九・四%、二〇一〇年は九・七%と、全国と比べて高齢化率ははるかに低い。いっぽう、少子化率は二〇〇〇年の一五・九%、二〇〇五年の一七・五%、二〇一〇年の一七・六%と子供の多さが際立っている。過疎化、高齢化、少子化ともに、父島を含めた小笠原諸島では問題となっていない。

この要因としては、新島民の存在が大きい。離島ブーム以降も小笠原諸島には移住者がたえず流入している。また、一年、二年とアルバイトをしながら暮らしている人も多く、そのまま定住する人も少なくない。長期滞在者と移住者との線引きはむずかしいのである。これら、新たに移住してきた人々は「新新島民」と呼ばれることもある。これらの移住者に加え、以下に見る国や都の公務員などが二年から三年の任期で、たえず流動している。この流動性の高さが小笠原社会の特徴といえる。また、これらの人々が子育て世代のことも多くあり、子供が多くなっている。

父島で主要産業を聞くと、「公務員と公共事業」という答えが返ってくることが多い。母島を含めた小笠原村全体の値であるが、二〇一〇年度の国勢調査では「公務（他に分類されるものを除く）」が二九・四％であり、その割合は全国の市町村のなかで一番高い。教員などは別集計のため、三人に一人が公務員であることになる。これは、村役場だけでなく、国や東京都の行政機関の職員、自衛隊員や警察官など多くの公務員がいるためである。国防上重要な場所であるために、国家として人口を維持しようとする姿勢の現れであろう。また、建設業は一四・八％と村で二番目に就業者数が多い。公共工事の多さを表している数字である。これらのことから、小笠原諸島の経済は国家や東京都に依存したものであるといえる。

多くの離島で高い第一次産業従事者は七・二％と低い。とくに農業の三・六％は低率である。遠隔地ゆえに輸送コストが高くつくこと、第3節でも見るが農地として利用可能な土地が限られていることが原因である。また漁業に関しては、広大な漁場をもち、外部の若者を積極的に受け入れるなど努力をしているため三・三％と高めである。だが、農業同様に輸送コストゆえに、主要産業となるには

農作業の風景　鳥や虫の被害から守るためビニールハウスで農作物を作っている。

困難が大きい。ほかの産業を就業人数の割合から見ると、三番目はサービス業の一三・〇％、四番目は一一・五％の飲食店・宿泊業である。第2章で見たように飲食店・宿泊業は全国平均や離島全体の平均ほどである。しかしサービス業は、ガイド業など観光関連の仕事が多く含まれており、補助金に頼らない産業として観光産業は重要なものとなっている。それでは、小笠原観光とはどのようなものなのか。次項ではそのことを見ていこう。

2－2　小笠原観光の概要

小笠原への旅行は敷居が高い。時間も費用もかかるからである。いまや二、三日の休みがあれば、海外旅行も可能であるが、小笠原旅行には、最低六日間が必要である。学生やフリーターならまだしも、ふつうの勤め人であれば、こ

図５－１　父島観光客推移

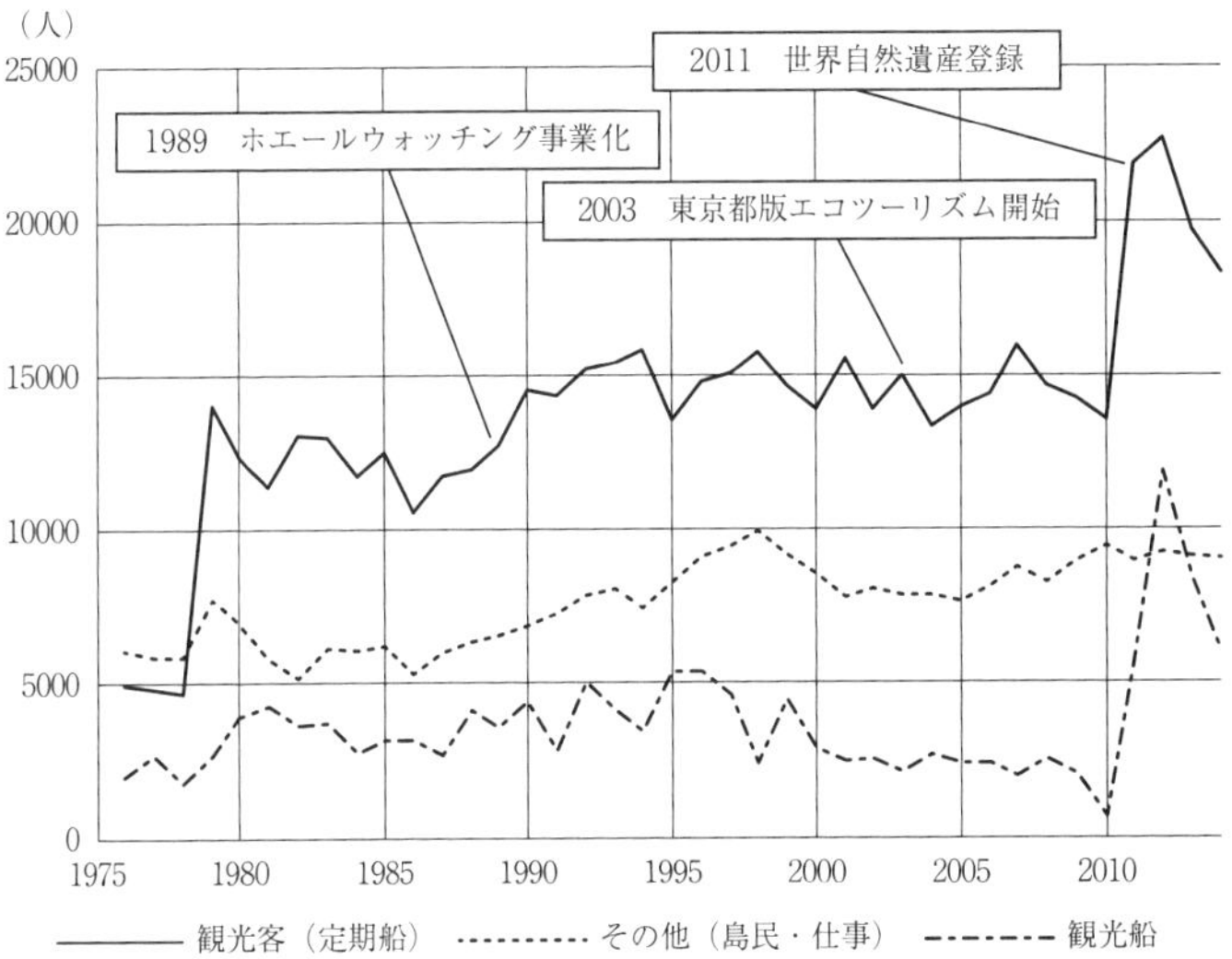

出典）小笠原村産業観光課提供データより作成。

れだけの休みを気軽にとるのは困難であろう。これは竹芝桟橋を出てから戻るまでに通常六日かかる「おがさわら丸」のスケジュールに従わざるをえないためである。しかも船旅は片道二四時間以上かかるため、船中泊が二泊必要である。さらに、最も安い二等でも往復五万円以上の交通費は海外旅行よりも高くつく。それでも、多くの人々が小笠原へ向かっている。また、リピーターや長期滞在者が多いことも特徴としてあげられる[6]。

小笠原への定期船による観光客数は、一九七〇年代半ばには五〇〇〇人程度であったが、一九七九年の定期船「おがさわら丸」就航を機に一万四〇〇〇人に跳ね上がり、その後八〇年代は一万人から一万三〇〇〇人のあいだを推移していた[7]。一九九〇年代に入り、ホエールウォッチングが軌道にのると観光客は一万五〇〇〇人

シーカヤック・ツアー

陸域ガイドの様子

に増加し、波はあるものの二〇一〇年まで一万三〇〇〇人から一万六〇〇〇人のあいだを増減している。なお、定期船による観光客以外にも、観光船による観光客がいるが、二〇〇〇年代は二〇〇〇人から二五〇〇人程度である。

本章の対象としている二〇〇五年の定期船の観光客数は一万四〇〇〇人、観光船の観光客は二四〇〇人程度であった。[8] 同年の隠岐諸島西ノ島の観光客八万四〇〇〇人より少なく、人口規模を勘案しても、それほどの数ではないように見える。しかし、第2章2-4でも見たが、最低でも諸島内で三泊するために、経済効果は大きい。なお、世界自然遺産登録の翌年二〇一二年には、定期船の観光客数は二万三〇〇〇人、観光船は一万二〇〇〇人と大きく伸びを見せた。しかし、この年をピークに早くも減少へと向かっている（図5-1）。

二〇〇〇年代中ごろの調査によると、客層は四〇歳以下の若年層が六六％を占めており、一般に観光産業のメインターゲットといわれている中高年層が少ないのが特徴的である。また、イメージとしては休暇期間の長い大学生が多いと思われがちだが、実際には一三歳から二三歳は一三・三％とそれほど高くなく、コストの高さが原因といわれている。全体の半数を占めているのは、二四歳から四〇歳の若年層である。[9]

小笠原諸島の観光アトラクションとしては、遊覧船に乗ってのホエールウォッチング、ドルフィンスイム、南島などの島めぐりが中心である。また、世界的に有名なポイントをもつダイビングやシュノーケリング、シーカヤックなどのマリン・スポーツ、海水浴や釣りといった海でのレジャーもアトラクションとして人気が高い。さらに、母島石門などの自然観察や太平洋戦争の戦跡めぐりなどのフィールドトレッキング、気楽に楽しめる遊歩道でのハイキングなど陸上での観光も広がりつつある。しかし二〇〇〇年代半ばには、どちらかというとそれは付随的なもので、海のアトラクションが小笠原観光の中心であった[10]。

2―3　島発信のホエールウォッチング――エコツーリズム発祥の地

小笠原最大のアトラクションのひとつは、ホエールウォッチングである。小笠原でのホエールウォッチングは、島の有志たちによって、一九八八年の返還二〇周年記念のイベントとして行なわれた。その翌年、一九八九年には、財団法人小笠原ホエールウォッチング協会（ＯＷＡ）が設立され、クジラの生態研究がなされるとともに、業者によるホエールウォッチングが日本で初めて事業化されることになった。

ＯＷＡの設立、ホエールウォッチングの事業化に先立ち、小笠原村商工会の「村おこし事業ホエールウォッチング小委員会」は、ハワイのマウイ島を手本に「小笠原ホエールウォッチングの手引書」を作成した。この手引書には、船を減速する距離や進入禁止する距離などクジラへの接近方法のルールが示されている。この手引書はＯＷＡによって運用され、その後の調査研究の成果をもとに、より厳密かつ小笠原の実情にあった「小笠原ホエールウォッチング協会自主ルール」が一九九二年に制定された（ぼにんぼいす編、二〇〇〇）。

エコツーリズムにおいては、単に自然を対象とした観光を行なうのではなく、観光資源の保護と適切な利用が重要とされている。小笠原では、ホエールウォッチング事業化のなかで、自主ルールによって、観光資源であるクジラを保護しながら観光に利用する体制が作られたのである。このためにかならずしもエコツーリズムに意識的であったわけではないが、日本のエコツーリズム発祥の地とされることもある（たとえば海津・真板、二〇〇四など）。また、島の人々による自主ルールの制定も、エコツーリズムの一要素となりうる地域住民の主体的な参加と見ることもできるだろう。

世界的な環境意識の高まり、西表や屋久島などのエコツーリズム報道の増加もあって、エコツーリズムということばは観光客にアピールするキーワードとなっている。「おがさわら丸」を運営する小笠原海運の一九九〇年代のパンフレットでは、「南の楽園へ一直線」（一九九〇）、「東京から一〇〇〇キロ、ここは南の楽園」（一九九四）というコピーと水着の女性の写真によって、「南の楽園」が強調されていた。それが二〇〇五年には、「『エコツーリズム』が息づく島」というコピーとクジラの写真によって、「エコツーリズム」がパンフレットの前面に出始めた。住民発信の初期的な取り組みが、明示的なエコツーリズムへと転換していくのはこの時期である。

2-4　東京都版エコツーリズムへ

二〇〇〇年一〇月、当時の石原都知事は小笠原諸島視察の際に南島に立ち寄り、その荒廃状況を知った[11]。石原は若いころより何度も小笠原を訪れており、以前の状況を知っていたのである。南島は

南島でのエコツアー　観光客は決められたルートを通っている。中央にルートから外れ写真をとっている人がいるが、これはルール違反。

ゴールデン・ウィークやお盆など100人を超える可能性の高い繁忙期には、南島への入島数を数え、オーバー・ユースを防いでいる。通常はそれほどの入島者はいない。

「沈水カルスト地形」という世界的にも珍しい地形であり、その独特の景観ゆえに魅力ある観光スポットとなっている。翌二〇〇一年、石原は小笠原において東京都版の新たなエコツーリズムを確立することを発表した。二〇〇二年七月には「東京島しょ地域における自然の保護と適正な利用に関する要綱」、九月には「小笠原諸島における自然環境保全促進地域の適正な利用に関する協定書」が東京都と小笠原村のあいだで結ばれている。そのうえで、二〇〇三年四月、東京都主導による「東京都版エコツーリズム」が、小笠原諸島の南島および母島石門一帯において開始されたのである。

東京都版エコツーリズムは、ガラパゴス諸島を手本に進められた。その特徴としては、利用ルールによる規制とガイド同行の義務づけがあげられる。利用ルールとは、「利用人数の制限」、「利用時間、利用期間の制限」、「利用方法の制定」であり、これらのルールを観光客に守らせるためにガイドが同行する。具体的に見てみると、南島では、一日当たり一〇〇人まで、ひとつのグループの利用時間は二時間まで、また、三カ月の入島禁止期間が設定されている。利用方法としては、ガイド一人当たり一五人までの人数の上限があり、決められたルートのみが利用可能である。さらに、「東京都自然ガイド」として認定された島民ガイドが同行し、移入種の持ち込み、島内動植物の持ち出しなどの禁止ルールを守らせる。「地方自治体が主導したエコツーリズムの取り組みとしては、全国に先駆けた独自のもの」（東京都環境局自然環境部緑環境課、二〇〇四）と東京都がしているように、日本国内では利用ルールによる規制を明確に示した初めての取り組みである。

さらに、二〇〇四年七月には、三人の「東京都レンジャー」が小笠原諸島に配置された。レンジャーは、「東京都版エコツーリズム」地域をはじめとした国立公園内および船着場で利用マナーの普及啓発や指導活動を行なっている。

小笠原の側でも、二〇〇二年六月に小笠原村、小笠原商工会、小笠原村観光協会、小笠原母島観光協会、OWAからなる「小笠原エコツーリズム推進委員会」が設立された。この委員会は同年九月に、「小笠原エコツーリズム推進マスタープラン」を発表している。それによると、「エコツーリズムを推進するための考え方」として、「保全のためのルール」によって「貴重な自然環境と歴史の保全」を行なうこと、「利用のためのルール」に従って持続可能な観光産業を形成すること、島民と訪問者への環境教育と文化教育による「人材育成・教育」を行なうことが示されている（小笠原エコツーリズム推進委員会、二〇〇四）。二〇〇五年四月、この委員会はより多くの機関をまきこんだ「小笠原村エコツーリズム協会」へと発展した。

小笠原エコツーリズムの理念を表す「小笠原エコツーリズム推進マスタープラン」では、自然および文化の「保全＝保護」、その「利用」による地域社会への経済的貢献、さらに環境と文化に対する「教育」が示されている。[12] この定義のなかで目に付くのは「教育」的側面が取り込まれていることである。第1章のエコツーリズムの定義において見たように、自然環境の保護が前提になることは多いが、教育的側面には触れられないこともある。とくに観光事業者による定義では入れられないことが多い。また、「東京都版エコツーリズム」では、規制とガイドの同行の義務づけがその特徴であるが、規制は自然保護を前面に押し出したものであり、ガイドの同行はツーリストの監視を含む教育的側面を表したものであるといえる。保護のための教育の重視は、自然保護を重要な前提と考える自然活動家や自然研究者による「理想的」エコツーリズムの系譜に属するものである。これは自然保護から発したエコツーリズムといえよう。

以上見てきたように、小笠原のエコツーリズムは、その地理的特性からくる自然、とくに海の魅力を前面に押し出しながら発展してきた。父島における観光産業は、ほかの産業が望めないなか、生活を支える重要な手段であった。小笠原のエコツーリズムは、この社会環境において、有志によるイベントとして始まった試みが、自主ルールによって整えられていった住民発信の試みであり、このことが第一の特徴としてあげられるだろう。第二の特徴としては、この取り組みを追認するかたちで、東京都によって、より明確な政策方針が打ち出され、規制化されていった点である。

それでは、この小笠原のエコツーリズム開発を父島の人々はどのようにとらえているのだろうか。以下では、現地での調査に基づきながら、父島の地域生活とエコツーリズムの関わりに焦点を当てて見ていこう。

3　小笠原諸島父島の地域生活とエコツーリズム

3－1　エコツーリズムへの親和性

「東京都版エコツーリズム」の「東京都自然ガイド」以外にも、小笠原にはいくつかのガイド資格がある。一九九四年と一九九七年には日本自然保護協会による「自然観察指導員」の講習会が開かれ、計八三人が認定されている（森田、一九九九）。また、一九九八年の「ホエールウォッチング・インタープリター」の認定講習会で、ガイド認定を受けたのは、島民の五％にあたる一一六人であった（一木、二〇〇二）。さらに、二〇〇二年の「東京都自然ガイド」の認定を受けたのは二〇〇人以上である。ガイドの認定条件は一八歳以上の島内に住所をもつものとされていることからすると、有資格者のうち一割がガイド認定を受けたことになる。小笠原には三〇以上の海域ツアー業者があり、職業上ガイド認定が必要な人が多くいることはたしかである。しかし、ガイド認定を受けた人に主婦や公務員など、ガイド以外の人も多い。

また、父島ではさまざまな学習会や研究者による講演会が月に数回行なわれている。主催するのはOWAや小笠原野生生物研究所などの自然保護団体、東京都や小笠原村などの行政機関などであり、講演の内容もクジラや昆虫、植物など多岐にわたる。講演の内容に合わせ多様な人が参加しており、参加人数は五〇人を超えることもある。このように、人口二〇〇〇人程度の島でありながら、多くの島民がガイド認定を受け、また、日常的に学習会や学術講演会が開かれ、そこに人が集まっている。このことから、島民の自然環境や自然保護への関心の高さがうかがわれる。

一般に、地域社会における自然保護運動への反論としていわれるのは、第4章の西表島で見た事例のように、自然を守るよりも、生活のために開発をすべきというものである。「開発か自然保護か」の論争は、小笠原においても飛行場論争が長く行なわれてきた。生活の便宜のために飛行場を作るべ

講演会の様子　筆者の講演会のため参加人数は少なめ。 とはいえ、事前の告知なしに、当日の告知だけで20数名の人が来てくれた。ありがたいことである。

急患を内地まで搬送する水上飛行艇　島の人からは「自家用飛行機」と呼ばれることもある。

きという意見と、貴重な生態系を守るために作るべきではないとする意見の論争である。飛行場建設に関しては航空路よりも建設による公共事業費のためだとの意見も存在するが、二〇〇一年の都知事による時雨山空港案撤回、さらに高速船ＴＳＬの就航計画によって、飛行場建設は希望がないという意見が、当時は大勢となっていた[13]。また、近年の公共工事の減少、さらに都による「東京都版エコツーリズム」導入、グローバルな環境意識の高まりなどのせいか、開発か保護かの論争自体が、あまり聞かれなかった。

しかし、エコツーリズム推進に対する反発がないわけではない。第一のバージョンは、都知事の独断で「東京都版エコツーリズム」が進められたことへの反感である。南島の入島制限は一〇〇人までだが、なぜその基準なのか根拠が明確でない、東京都からの押しつけにすぎないという批判である。第二のバージョンは、島にやってきた新島民、さらには「日本人」が島の自然で金儲けをしているというものである[14]。

この第一の反発は、東京都の行政的な「押しつけ」に対する反論であって、自然保護やエコツーリズム自体への反論ではない。第二の反発にしても、新たにやってきた人々への反発であって、自然保護やエコツーリズム自体への反論とはなっていない。つまり、これらの反発は自然保護やエコツーリズム自体への反論ではないのである。また、これらの反論自体も、それほど広範囲に語られているわけではなかった。

むしろ、現地調査においてさまざまな人々に聞き取りをして気づいたことは、地域の人々の「無関心」といった態度が少ない点である。西表島の事例のように、観光開発が行なわれている地域で、住民の大半が観光開発と自分とは関係のないものと考えているケースは多い。観光研究で問題視されることは少ないが、観光開発を推し進める行政機関の対応で問題となるのは、この「無関心」な住民を関与させることのむずかしさであろう。地域社会とは切り離された従来型のマス・ツーリズム開発であれば問題とならないだろうが、エコツーリズムなどの「オルタナティブ・ツーリズム」においては、地域に根づいた観光開発にするために、地域住民の「主体的な参加」が重要とされている。それならば、エコツーリズム開発を行なう地域においては、住民の「無関心」という態度は、問題視されるべき事柄である。

住民の大半が「無関心」である地域に比べて、エコツーリズム開発を東京都や村が行なっていること、その内容に関して、一定程度の情報を島の人々は得ている。さらに、その目的のひとつである自然保護自体へ反対する人は少なく、ガイドや講演会などの例からも、エコツーリズムや自然保護への積極的な側面が強いといえるだろう。これらのことから、自然保護やエコツーリズムに対する意識が高く、「親和性」が強い地域であるといえる。

父島における、自然保護やエコツーリズムへの関心の高さの理由として、島内でしばしばあげられるのが、小笠原の自然が好きだから移住した人が多いからという説明である。父島の人口の七割から八割を占めているといわれる新島民の大半は、小笠原の自然が好きで、もしくは魅了され移住した人々である。

このことから新島民は自然保護派で、旧島民は開発派であるといわれることもある。しかし、この二項対立で説明できるほど、ことは単純ではない。旧島民であっても、戦後生まれで、小笠原の自然にあこがれて移住した人も少なからずいる。また島で生まれ育った旧島民の多くは、「Uターン」してきた人々である。旧島民の帰島を決断した背景には、もちろん他のさまざまな要因があったのだが、実際に当事者たちに聞き取りをしてみると、小笠原へのあこがれという点も、ひとつの要因だったということがわかる。新島民であるとか旧島民であるとかの区別にかかわりなく、小笠原への移住の動機としては、小笠原の自然が好きだからと説明されることが多く、そこから、父島の島民の自然保護への志向性を導き出してくることは、たいへんわかりやすいのかもしれない。

3－2　都会的生活

この父島の人々の自然意識が現在のエコツーリズム開発を支える根底になるとしても、それだけでは父島におけるエコツーリズムの複雑さを解明できない。そこで、エコツーリズムへの親和性を、父島の社会生活と意識、とくに日常生活のなかでの自然との関わりから考えてみたい。ここでキーワードとなるのは「都会的」ということばである。

このことばは、島民自身によって、父島の人々や生活の特徴を表現する際にしばしば使われる。その意味あいは、人づきあいがあっさりしていて、干渉されること、縛られることが少ないといったニュアンスである。

小笠原フラ最大のイベント、フラ・オハナ　多くの島民が集まる。

「ほかの島だったら、こんなに（長く）住めなかったでしょうね」と、一〇数年前に移住した三〇代の男性は語っている。干渉されることが少ないために、住みつづけることが容易だったということである。都会にはない地域社会での人々の関わりの密度を干渉として嫌い、父島を選んだ人も多い。「小笠原の人間は、自然が好きだけど、人間は嫌いだから」といわれることもある。この人間関係における非干渉性ゆえに、島の人口は二〇〇〇人ほどだが、知らない人も多いそうである。観光客や工事関係者、島にあこがれた数カ月程度の短期滞在者、二、三年で入れかわる国や都の職員、こうした人々が入れかわり立ちかわりに移動していることも、この傾向に拍車をかけている。

地域社会学者である大塩俊介と池田寛二は、この非干渉性の原因を歴史的な経緯から説明している。戦前、米軍占領期、戦後と、小笠原の社会は分断されており、連続性が断ち切られてきた。それゆえに村の寄り合いや行事など地縁としての伝統的人間関係が衰退してしまったのである。そのうえで、「文化的な統合原理」の不在を嘆いている（大塩・池田、一九七八）。返還後一〇年後のことであるが、この指摘は適切であり、現在の父島にも当てはまる。もっとも、嘆くかどうかは別のことであるが。

現在、家族より上の公的集団としてあるのは小笠原村のみであり、西表島の集落のような区や自治会としての「地縁的」中間集団は発達していない。中間集団としては、職場コミュニティーなどの「社縁」によるものがある。また父島では、フラダンスなどのダンス、サーフィンなどのスポーツ、さまざまな音楽活動などのサークル活動が盛んであり、「サークル縁」とでもいえる中間集団を形成している。この地縁が存在せず、社縁やサークル縁を重視する傾向も「都会的」な人間関係といえるだろう。それでは、この父島社会の「都会的」性格は、島の人々と自然との関わりに対して、どのように現れているのだろうか。以降、日常生活に関する側面から四点ほど見ていきたい。

第一は土地利用制度に関してである。小笠原は返還後まもない一九七二年に国立公園に指定されているが、諸島全体の八二・八％を占め、父島でも七二・九％と広大である（『管内概要』、二〇〇四、一三九頁）。国立公園では、生産活動が禁止されているために、父島の自然は人々の日常生活、とくに生産活動から「制度的」に分離されてしまっている。国立公園制度は、ゾーニングの思想により保護地区と利用地区を分離する発想であるが、そのことによって島の人々の生活は、公園内の自然と切り

集合住宅が立ち並ぶ住宅街

家賃が安いため都営住宅の抽選倍率は高い。

離された農業地区や住宅地区に囲い込まれている。さらに、この制度的側面が第二、第三の側面を生み出している。

第二の側面は産業構造であるが、すでに概況で見たように、公務や建築業などの就業者が多く、農業就業者は少ない。この要因としては、後継者問題よりも農地不足が指摘されている。農地不足の要因としては、上記で見た国立公園制度もあるが、不在地主の存在も指摘できる。[15] また、漁業についても一部の沿岸養殖を除けば、遠洋漁業が多く、島の自然と直接関わる人は少ない。つまり、島全体としてみれば、生業として島の自然と向き合う機会は稀である。第二次産業、第三次産業が主流であり、生業として地域の自然と接することが少ないことから「都会的」産業構造であるといえよう。

第三の側面は住環境である。父島には二八棟、二九七戸の都営住宅がある。全世帯数は一〇三九軒であるから、二八・六%が都営住宅に住んでいることになる。都営住宅は集合住宅であり、少ない利用可能な土地の有効活用、安定的な住居の供給に有効である。また島の人口の三分の一を占める公務員にしても、多くは公務員宿舎に居住している。くわえて、建築会社などの宿舎、民間アパートなどに住む人も多く、島の大半の人は都市型の集合住宅に住んでいることになる。また、都市計画により住宅地区が形成されている。公園制度の分離政策同様に、都市計画においても、居住地は集中的に形成されており、自然とは分離されている。父島では自然に囲まれてはいるが、〈制度的〉に分離された空間で生活を送っており、広く一般的に考えられている「田舎」での自然のなかでの生活とは異なる生活を送っているのである。

それでは、島の人々にとっての自然とはどのようなものなのか、また自然との接触とはどのようなものなのか、このことを第四の側面として見てみたい。ここで利用できるのは、二〇〇三年に東京都が島民と観光客に対して行なった、エコツーリズムに関するアンケート調査の結果である。

この調査データによれば、観光資源として望ましいものとして、島民、観光客とも「三日月山展望台（ウェザーステーション）」、「小浜海岸」、「コペペ海岸」など海に関係しているポイントや、「クジラ」、「イルカ」、「アオウミガメ」などの海洋生物を選択している。[16] また遊びや活動でも、「シュノーケリング」や「ホエールウォッチング」などの海でのレジャーが好ましいとされていた（東京都産業労働局観光部振興課、二〇〇四）。

また、とくに島民に対しては、「半日〜一日で小笠原諸島の魅力を知ることのできる観光ルート」についての質問も行なわれている。ここでの結果についても、「海」に関するルートの評価が高いことが注目される。とくに若者に対しては「海のスポーツ（シュノーケリング等）を充分に堪能するルート」が六一・三％と最も高く、反対に陸のスポーツは一九・八％と低い。いっぽうで、「自然（海の希少生物・鳥類）（陸の希少生物・鳥類）（貴重な植物）を観察・学習のためのルート」は、若い人では最も評価が低く、家族や中高年でもそれほど高くないという結果が出ている（東京都産業労働局観光部振興課、二〇〇四）。

この調査は、観光による小笠原の魅力を調べたものであるが、島の人々が小笠原のどのような点に魅力を感じているかを知るうえでも、ひとつの指標となるだろう。くわえて、島の人々や長期滞在者、リピーターたちに小笠原の魅力について聞き取りをすると、圧倒的多数の人から「自然」、とくに「海」という答えが返ってくる。新島民のなかには、小笠原の「海」の魅力から移り住んだ人も多数いる。いっぽうで、自然保護団体や研究者が重視する陸上の生物を、小笠原の魅力とする人は少数派であった。実際の聞き取りの結果からも、上記の調査結果が父島の人々の自然観と重なる部分が多いことが裏づけられる。

観光地と呼ばれる地域、とくにエコツーリズム開発の行なわれている地域では、観光客と地域住民のあいだで、魅力ある観光資源と考えるものに差異が現れることもある。それは、観光客と住民のあいだには、観光資源に対するアクセスの仕方や意識のあり方が異なるからである。しかし父島では、観光資源である自然に対して、多くの島の人が観光客と同質の意識をもっていることが指摘できるのである。

また島の人に、どのように自然と関わっているのか聞くと、多くの人からは海水浴やシュノーケリング、サーフィンなどの海遊び、釣りなどといった答えが返ってくる。また、それらの風景を目にすることも多い。さらに、陸上に関しても、ハイキングや山菜取りなどを楽しんでいる。これらの活動は、日本の「田舎」に見られる伝統的生活に根ざしたものではなく、あくまでもレジャーとして行なわれている。大多数の人にとっての自然体験とは、伝統的「生活者」というよりも、観光客としての自然体験と同質なものであることが多いのである。このような自然との関わりのなかにも、その生活の「都会的」な性格を見てとることができよう。

4　小笠原エコツーリズムの多様性

4－1　ビジネスとしてのエコツーリズム

すでに2－4で見たように、東京都やエコツーリズム推進協議会によって公的に示されている小笠原でのエコツーリズムの理念は、自然保護を中心とした「理想的」エコツーリズムであった。そこでは、ルール規制による「保護」、教育による「保護」が強調されている。「利用」はあくまでも「保護」を前提としたものとなっており、ある意味では妥協の産物なのである。この意味では、小笠原のエコツーリズム政策を支える理念は、自然環境の保護を中心としたエコツーリズムであるといえよう。

この自然保護活動に積極的に関わっている島の人から、よく聞かれる小笠原エコツーリズムの問題点として、自然保護への関心は「人による差が大きい」というものがある。学習会や講演会などの活動に参加する「意識の高い」人もいれば、まったく関心を示さない「意識の低い」人もおり、そのギャップが大きいというのだ。また、エコツーリズムに関しても、自然保護のためでなく、商売のためにやっていると非難する声も存在する。さらには、「観光客には来ないでほしい」という声までも聞かれることがある。

自然保護を重視する研究者や自然保護団体からは軽視されがちであるが、観光人類学者の橋本も指摘するように、エコツーリズムはビジネスでもある。橋本は、フィジーでのエコツーリズム調査を

台風による定期船欠航のため、生鮮食品がほとんどなくなっている。

もとに、現地の人々は西欧人が考える「自然保護」を実践しているのではなく、彼らにとっては、自然を破壊する「開発」も「自然保護」も、どちらも金になる点で同じだということを指摘している（橋本、一九九九）。

同様な発想は父島にも広くある。多くの地方自治体と同様に、小笠原への補助金は、道路などの公共事業から自然保護やエコツーリズムを受け皿としたものに移行しつつある。つまり、自然保護自体が一種の経済活動として機能しているのである[17]。また、内実はともかくとして、自然保護やエコツーリズムという看板を上げれば、商売をするうえで有益でもある。それゆえ、エコツーリズムを金儲けに使う業者がいると批判も出てくるのである。このことは第4章の西表でも見たものであり、けっして珍しいものではない。政策理念が提示する自然保護としてのエコツーリズムを小笠原エコツーリズムの第一の側面と考えれば、このビジネスとしてのエコツーリズムのあり方は、その第二の側面としてあげられよう。

父島に住みつづけるために、エコツーリズムなど観光の仕事を選ぶ人は多い。父島では、役場などの安定した仕事には、一人の求人に対して一〇人もの応募者があるという。また、条件の悪い仕事でも人が集まる。父島に住みつづけたいが、生活していくための仕事は少ないためである。以前は「男性なら土方、女性なら水商売」といわれていたが、公共事業の減少により、求人は減っている。それが開発の仕事であろうが、自然保護の仕事であろうが、選択肢にかぎりがあるということである。エコツーリズム関係の仕事に就くことは、自然と関わる仕事をしたいという側面も強いが、島で生活をつづけるための便宜でもある。

4-2 「都会の理論」としてのエコツーリズム

エコツーリズムなどの「オルタナティブ・ツーリズム」に対して、都会の理論、先進国の理論だとする指摘がある。自然保護に端を発するエコツーリズムは、現場からの発想ではなく、都会や先進国に暮らすエリート層が考える「望ましい自然」のイメージを地域社会に押しつけたものであるとする批判である。たしかにエコツーリズム開発が行なわれる際には、すでに見た西表島のように、外部の研究者やコンサルタントによるプランニングに基礎づけられることが多い。また、日本のエコツーリズム開発のベースとなる五全総などの政策の背景には、この発想があるという指摘も重要であろう

（橋本、一九九九、古川・松田、二〇〇三など）。

この文脈から考えると、小笠原の公的なエコツーリズムは「都会の理論」にすぎないという位置づけもありえる。それは、外から小笠原にやってきた研究者が、学術的な貴重種の「保護」といった「都会の理論」によって作りあげたもので、島からの発想ではないということである。これは、島のなかでも聞かれる、外から来た人間が勝手に自然保護で金儲けをしているという反発にも通じるものである。また、小笠原でのエコツーリズム受容は、自然保護という「都会の理論」に従って従属的に受容しているのではなく、生きていくためのビジネスとして利用していると解釈することもできる。

しかし、ここまで見てきた島の人の自然との関わり、自然への意識を見ると、エコツーリズム自体がはらんでいるこの構造的問題点が、逆に効果的に作用しているように思えるのである。父島では意識にしても生活様式にしても、さらに自然に対する関係性においても「都会的」要素が強く見られた。日常的な自然との接触は、ツーリストとしての接触に近いものだからである。

エコツーリズム開発のなかに、「中央・周縁」、「都会・僻地」といった権力作用があるという指摘それ自体は、ひじょうに重要なものである。しかし、この議論では、地域社会を過去から連綿とつづいた「伝統的」で流動性の少ない静的な社会としてとらえている面がある。つまり、僻地・都会といった二元的に分割された一方の側としてのみ、地域社会を理解しているのである。

父島は、その「都会的」特徴から、僻地・都会といった二元論の区分がむずかしい。また、父島におけるエコツーリズムへの親和性は、地域社会の「都会的」特質に支えられている側面がある。エコツーリズムが目指す自然の「保護」と「利用」の並存は、「伝統的」な自然利用がされていない父島のような場所において、より機能しやすいと考えられるのである。この点を小笠原エコツーリズム開発の大きな特徴としてあげることもできるだろう。しかし、父島における、エコツーリズムの受容には、保護としての、あるいはビジネスとしてのエコツーリズムにはとどまらない、別の側面も存在する。以下では、その側面について見ていく。

4-3 レジャーとしてのエコツーリズム

父島のエコツーリズムの現場からは、保護とビジネス以外にも、もうひとつの要素を考えることができる。それは「レジャーとしてのエコツーリズム」とでも呼べるものである。観光客にとってのエコツーリズムを考えてみれば、当然ながらレジャーとしての側面が強い。自然保護や地域経済への貢献といった有意義なものと考える以上に、楽しみから訪れることのほうが観光客にとっては一般的であるからである。また、地域振興としてのエコツーリズム開発においては、自然環境の保護という第一の面、あるいは地域経済への貢献といった第二の面が強調されてきた。けれども、ここで強調してみたいのは、エコツーリズムが地域住民にとってもレジャーでありうると見る第三の側面である。

すでに見たように、小笠原にあこがれ、魅せられ移住した人は、新島民といったニューカマーだけでなく、旧島民と呼ばれる人々のなかにも数多く存在している。この島民たちが魅せられたのは小笠原の自然、とくに海の魅力である。また、小笠原では歴史的、制度的に自然と生活が分離されてきた。

島民の自然への「まなざし」は、伝統的にその地域に根ざして生きてきた地域共同体の見方というよりも、どちらかといえば、小笠原の自然を楽しみに訪れる観光客の「まなざし」に近いと考えられる。それは、自分たちの生活を包み込んできた自然に対する愛着といった、地域の伝統的生活に根ざしたものではない。学術的に貴重なものだと、分類し、意味づけられた、世界標準としてのグローバルなものでもない。それはいってみれば、ただ「小笠原の自然が好きだ」という感覚的かつ個人的なものとしてある。

この個人的な感覚は、一見すると些細なものであり、そのこと自体がこれまでのエコツーリズム研究のなかで重点的にとりあげられることはなかった。しかし、父島社会を考えるとき、この個人的な好悪の感覚を抜きにして考えることはむずかしい。多くの島民が惹きつけられたのは、自分たちもまた楽しむレジャーの対象としての自然であり、愛してやまない海なのである。

楽しむための、好きなものとしての自然であるために、それを守ること自体には反対はない。自然保護への親和性は、この個人的な感覚に支えられているのである。しかし、ここでいう自然保護への志向性は、あくまでも個人的なものであって、かならずしもグローバルな動向としての自然保護と直結するものとは限らない。たとえば、3－2で見た東京都のアンケート結果から、もうひとつ確認できることは、陸でも海でも、どのような生物であっても、それを「観察・学習」することへの関心は高くないことである。小笠原の自然は好きであるし、それが維持されることも望んでいるが、それは希少生物について「学習」することに直接つながるものではないのである。

父島で開かれている講演会に行かないのかと聞いたときに、「行かないよ、島の人間は誰も」と、観光関連産業に従事する三〇代男性は答えた。小笠原に対して学問的興味をもっている島民は少ないため、参加する人は少ないというのだ。すでに見たように、現実には多くの人が参加しているのだが、このように理解されることもある。「学習」がレジャーとつながることは、研究者としてはわかりやすい。研究者自身もそうであるし、「学習」に強い興味をもっているからだ。しかし、すべての人に適用できると考えることには問題がある。エコツーリズム、とくに「学習」が含まれたエコツーリズムは、レジャー主体のエコツーリズムとはかけ離れてしまうこともありうる。

父島では、たしかに、多くの人が自然保護活動に関心があり、参加している。それが生計へとつながっている人も少なからずいる。また、自然を利用した観光で、生計を立てている人が多いこともたしかである。しかし、自分自身が関わりたいレジャーの対象としての自然が、保護や利用に結びつくかは必然ではないのである。島の人々にとっての小笠原の自然は、レジャーの対象としての自然から始まっている。この自然の意識の根底にあるのは、個人的な感覚そのものであろう。この個人的な関わりの対象、レジャーとしての自然との関わりこそが、父島全体としてのエコツーリズムを支えてきたのではないだろうか。

5　島民とは誰なのか

第4章で見た西表の事例では、ニューカマーである島外出身者がエコツーリズム産業の中心となっており、島出身者がそれに関わることは少ない、雇用創出に貢献していないと非難されていた（松村、二〇〇四、奥田、二〇〇七など）。また松村は、島内出身者は「関わるための知識・技能」をもち、島外出身者は「眺めるための知識・技能」をもっているとしている（松村、二〇〇四）。これらの視点から見れば、父島でのレジャーとしての自然との関わりは、ニューカマーのものにすぎない。また、「眺めるための知識・技能」にすぎず、島民の「生活」に根ざした「関わるための知識・技能」とは根本的に異なるとの批判もありうる。

たしかに、父島においても、欧米系島民や旧島民からは、新島民への批判も行なわれている。新島民はいつまでいるかもわからない、島の自然を「保護」だろうが、観光「利用」だろうが、勝手に自分の金儲けに使っているといったものである。また、小笠原においてエコツーリズムなどの活動に熱心に関わっている新島民の側にも、「ずーっと〔島に〕いるかはわかんねーよな」（〔 〕内筆者）といった発想が存在するのも事実である。

ここで提起されている問題は、島民とはいったい誰なのか、さらには、「生活」とはどのようなものかという問題であろう。従来の地域社会理解は、旧来からの住民の視点を借りて地域が語られる形

おがさわら丸出航の見送り風景　見送り以外にも、人と会う用事を済ますために多くの島民が集まる。

式が中心であった。しかし、現在の過疎社会、とくにIターンやUターンが増加している地域では、ニューカマーの存在を抜きにした地域像には疑問が残る。

この点に関して、人類学者の米山俊直は、日本の過疎社会への対応策をすでに一九六〇年代末に提案しているが、それは以下の四点である。第一は「ムラの過去を追わないこと」であり、もはや機能が弱くなった伝統的なムラを単位として考えることはないという。第二に「個人の選択を尊重すること」としており、あくまでも個人的な選択なのだから、離村をする人を引き止めることはやめるべきだとしている。さらに、第三としては、僻地だからといって生活の不便に甘んじるのではなく、「生活は都会との平等を目指す」べきだという。最後に第四として、積極的に「あたらしい血を入れる」ことを提案している（米山、［一九六九］二〇〇六、四八五－四八六頁）。ムラ社会は、何も固定したものではなく、流動的なものでもよく、すべての人が入れかわってしまってもかまわないのである。これは、都会に対して、伝統的かつ静態的と見られるムラ社会が、その視線から逃れるための対策と見ることもできる。

この米山の提案は、父島の社会を分析する際に有効な視点を提供してくれる。父島では、第三の対策を除いて、すでに達成されているといってよいだろう。たとえば、ムラ単位の動きは希薄であり、さらに島生まれの若者は島を出て行き、反対に外部からの若者が次々と入ってくるからである。第三の点に関しても、交通手段を除き、多くの点は都会並みになりつつある。いまや通信販売の進展で買い物に困ることはなく、住んでいて不便を感じることは少ないという人が多い。たしかに、交通問題だけでなく、医療問題、進学問題など問題は山積みであるが、日常生活を送るうえでは大きな支障はないという人は多いのである。父島は、米山が示した過疎対策を実現した地域であると考えられる。

そのうえで島の現状を振り返ってみれば、島民という枠組みを島で生まれ育った人だけに限定するのは、少なくとも父島にはなじまない。島の社会を形づくっているのは七割から八割を占めるといわれている島外者が中心だからである。また、すでに見たように父島では、長期滞在者と移住者の線引きがむずかしい。住民票を移せば、公的には小笠原の住民になるが、それは現実的な基準とは対応しない。移住者のどこかが島の人かと線引きをするよりも、流動的な社会として父島をとらえるべきであろう。この流動的な社会ゆえに、小笠原における人々の「生活」像も、いわゆる農業などの一次産業従事者を中心とした伝統的な「生活」像とは異なってくるのである。

現在、父島にかぎらず多くの離島では急激な社会変化が生じている。それは産業構造の変化に見られる。変化の要因は父島と異なるケースも多いが、これまで島の生業の大きな部分を支えていた第一次産業の割合は急激に減少しており、第三次産業従事者が増加している。この第三次産業のなかで、観光産業の占める割合は小さくない。伝統的な自然との関わりをもつ第一次産業や、伝統的な生活のなかでの自然の利用だけが、人々の「生活」なのだとロマンティックに表象すること、さらに、そのような視点から「生活者」を逆照射することは、多くの離島社会の現実にそぐわなくなってきている。少なくとも父島の現状を説明する枠組みとしては、取りこぼすものが多すぎるであろう。父島における自然「利用」の形式は、伝統的な形態から、観光産業のなかでの「見る対象」、「遊ぶ対象」としての「利用」へと拡大しつつある。自然との関わりの形式は、観光的要素の強い、レジャーの対象としての自然との関係性が広くいきわたっているのである。島にはその島なりの自然と結びついた生活がある。しかし、それは伝統的な形態だけであるとは限らない。レジャーのなかでの自然との関わりもまた、生活における自然との関わりなのである。

注

(1) 筆者は、二〇〇五年三月から五月にかけて小笠原諸島父島に滞在し、広く地域住民や行政機関、観光客および島外の研究者からの聞き取り調査や参与観察、資料収集を行なった。本文にもあるように本章の記述は、このときの調査をもとにしたものである。なお、その後も、二〇一一年八月から九月にかけて、二〇一二年三月、二〇一四年九月にも調査を行なっている。

(2) 小笠原エコツーリズムの研究としては、たとえばポール・カニングハムの研究（二〇〇三）およびダニエル・ロング（二〇〇三）によるものなどがある。カニングハムの研究は宿泊施設のオーナーを対象にしたものであり、多様な地域住民のすがたを描いたものではない。またロングの研究は、タイトルはエコツーリズムとなっているが、エコツーリズムそのものを対象とした研究というよりは、小笠原における欧米系島民の文化を対象とした文化観光の問題点と可能性を指摘したものである。これらの研究は、本章の課題であるエコツーリズムと地域生活という問題設定から若干ずれるが、小笠原におけるエコツーリズムの萌芽的研究といえよう。

(3) 小笠原の自然環境については聞き取りデータおよび東京都小笠原支庁発行の『管内概要』、有川・宇津編（二〇〇三）などを参照。

(4) 小笠原の歴史に関しては、聞き取りデータおよび春日（二〇〇二）、山口（二〇〇五）、石原（二〇〇七）、小笠原村産業観光課（二〇〇七）などを参照。

(5) 戦前には、兄島や硫黄島などにも島民が住んでいた。また、米軍統治時代に居住可能であったのは父島だけである。

(6) 『長期滞在者のための小笠原観光ガイド』（松木、一九九八）や『アジア楽園マニュアル　好きになっちゃった小笠原』（下川編、二〇〇〇）、『ニッポン楽楽島めぐり　好きです!小笠原』（にっぽん離島探検隊、二〇〇六）などのリピーター、長期滞在者向けのガイドブックが多数発行されていることからも、その数が多いことがわかる。

(7) 小笠原諸島父島への観光客数は、小笠原村産業観光課提供データより。

(8) 観光船の客は、宿泊することのない通過観光客である。

（9）客層に関するデータは東京都産業労働局観光部振興課（二〇〇四）より。なお、世界自然遺産登録後は中高年の客層が増加している。

（10）世界自然遺産登録後は、登録対象が陸上の生態系ということもあり、ガイド付きの陸域ツアーが盛況となっている。以前には陸域ガイドはガイド業だけでは生活できず、兼業するのが一般的であった。

（11）東京都版エコツーリズムに関しては、東京都環境局自然環境部緑環境課（二〇〇四）、小笠原エコツーリズム推進委員会（二〇〇四）などを参照。

（12）このマスタープランでは「保全」ということばが使われている。しかし環境研究の分野では、「保全 conservation」とは人間の利用のために守ることであり、「保存 preservation」とは自然そのものの価値を認めて守ることである（森岡、一九九九）。つまり、保全とは利用を含んだことばということになる。エコツーリズムにおいては、観光利用のためだけに保全しているのではなく、自然そのものに価値を認め保存し、そのうえで利用するという側面が強いと思われる。このように考えると、マスタープランでも保全とするより、保存としたほうがわかりやすい。もっとも行政文章などでは、この点が混同されて使われていることは、よくあることである。学問的厳密さを重視したいところであるが、これ以降はニュートラルな意味合いの強い「保護」を利用する。

（13）二〇〇六年の秋には高速船ＴＳＬが就航する予定であったが、原油高騰のため導入は中止されている。なお現在でも村役場には、「飛行場、早期建設を」との横断幕が下げられている。しかし、世界自然遺産登録のため、むずかしいという意見も多い。

（14）「日本人」が勝手に金儲けのために自然を利用しているという欧米系の人もいる。

（15）二六・九ヘクタールの農耕地のうち耕地面積は一二ヘクタールと半分に満たない。ついでながら小笠原諸島は農地法適用外であり、農地法の優遇政策を受けることができない。

（16）「三日月山展望台」とは海が臨める展望台で、とくに夕日が沈む海が美しいとされている。また観光ポイントでは、住民だけが「南島」を高く評価しているが、これはすでに見たようにガイド制度や規制によって住民には「南島」が浸透しているが、まだ観光客には浸透していなかったためだと考えられる。

(17) 世界自然遺産登録以降、外来種対策などの自然保護活動に多くの公的資金が投入されており、この傾向はより強くなっている。現在の小笠原諸島では、自然保護が重要な公共事業となっているのである。

第6章　エコツーリズムと日常生活
――大東諸島南大東島を事例として――

1　本章の位置づけと構成

沖縄県大東諸島南大東島は、本書の位置づけでは、「離島性」が高く、「観光依存度」が低い離島である。大東諸島は周囲三〇〇キロメートルに島がない群島型離島であり、地理的「隔絶性」がひじょうに高い。航空機が就航しているために那覇までは一時間ほどだが、便数の関係で日帰りはできないため「隔絶性」が高くなっている。さらに、往復五万円と航空運賃が高く、「日常生活」は島内で完結させる必要があるため、社会的「狭小性」が高くなっている。それゆえ、「離島性」の高い離島である。

南大東島の地理的「隔絶性」は、南大東島の生態系を独自なものとし、また、その地質的特徴も独自性をもっている。このためエコツーリズム開発の可能性を秘めており、研究者主導による計画的エコツーリズム導入として、「島まるごとミュージアム」による観光開発が進められていた。本章

広大なサトウキビ畑が広がる南大東島

は、この「島まるごとミュージアム」が開始され、数年たったころの二〇〇三年の記録である[1]。

南大東島は、島全体を開拓してサトウキビ畑にした歴史をもつ。現在でも、このサトウキビ産業によって、離島としては例外的に産業が成立している。このため、観光開発の必要性は低く、「観光依存度」は極端に低い。しかし、近年は不作が重なり、生き残りのために観光開発にも目が向けられている。

この島全体を開拓した南大東島における「日常生活」のなかでの自然との関係およびそこから生まれる自然観から、エコツーリズムの意味を考察するのが本章の目的である。

本章の構成は以下のとおりである。第2節では、南大東島におけるエコツーリズム開発のプロセスおよび計画の「理想性」を明らかにする。つづく第3節においては、島民のエコツーリズムへの態度を明らかにすることにより、生活環境主義の視点から計画の「理想性」を検討したい。そのうえで第4節で島民にとっての自然と自然保護の意味を明らかにし、そこから住民の態度の意味を南大東島の生活から考える。最後に第5節において、住民にとってのエコツーリズムの意味を考察する。

2 南大東島エコツーリズムへのプロセス

2-1 調査地の概要

南大東島は、那覇から真東へ約三六〇キロメートルの洋上に位置し、周囲の北大東島と沖大東島とともに大東諸島を形成している。一番近い陸地である喜界島までは三〇〇キロメートル離れており、まさに絶海の孤島である。面積は三一平方キロメートル、周囲は二一キロメートル。人口は一四四二人、五九八世帯。面積の割に人口は多い。また、僻地にありながら、六五歳以上高齢化率は二〇・九%と全国平均より若干低く、一五歳未満人口は一六・四%と全国よりも若干高い。これは沖縄では出生率が高いこともあるが、基幹産業であるサトウキビ栽培が、それなりに順調なためである。南大東島のサトウキビ栽培の特徴は大規模機械化農業にある。耕地面積の一農家当たり平均は八ヘクタールと北海道なみに広大であること、大型農業機械の導入により作業が容易であること、さらにサトウキビの買い取り制度のために、後継者は多い。このことが過疎化・高齢化を食い止めている。島の三分の一以上はサトウキビ農家、もしくは製糖工場で働いている。まさに「サトウキビの島」である。さ

製糖工場

平らな南大東島

南北大東村対抗試合　南大東島では、沖縄相撲、八丈相撲ともに盛んである。

らに、僻地であることの例外にもれず、公共事業は重要であり、島の五分の一強が建設業に従事している。また、役場職員や飲食店・宿泊業が多い[2]。もっとも、飲食店・宿泊業といっても、旅館や民宿は四軒のみで、多くは島民向けの飲食店である[3]。

大東諸島は隆起環礁の島であり、水深四〇〇〇メートルの海底から突起した平坦な島である。この特異な地質は、研究対象として地質学者を引きつけてきた。また、小笠原諸島同様に海洋島であり、島の成立以来、ほかの地域から隔絶されてきた。そのため、生物は独自の進化をしており、固有亜種や固有変種が多く存在する。そのなかでも南大東島東海岸植物群落、大池のオヒルギ群落、ダイトウオオコウモリは国の天然記念物に指定されている。この特異な生態系が生物学者の関心を引いてきた。

さらに大東諸島は、歴史的にも特異な島である。

この島々の歴史は、一九〇〇年の八丈島の玉置半右衛門による上陸によって始まる。島の存在は古くから沖縄地方を中心に知られていたが、島の周囲は断崖絶壁のため上陸することが困難であり、長いあいだ無人島であった。半右衛門ら一行は、島の原生林を切り開き、サトウキビ畑へと変えていく。その後、島の所有者は玉置商会、ついで東洋精糖、日本精糖とかわり、日本では他に類をみない会社経営による島となった。島では村政がしかれることもなく、学校などの公的機関、商店や病院などは会社によって運営されていた。この特異な社会状況は終戦までつづいている（南大東村村史編集委員会、一九八九、仲里、二〇〇三）。また、八丈出身者と沖縄出身者のあいだで生まれた混合文化も注目に値するであろう。

2-2 「天然記念物整備活用事業」から「島まるごとミュージアム」へ

南大東島の固有な自然を保護することは、従来から研究者のあいだで提起されていたが、予算不足のため特別な取り組みはなされてこなかった。しかし、一九九八年、文化庁と村の教育委員会のあいだで「天然記念物整備活用事業」の話がとりあげられた。

文化庁の「天然記念物整備活用事業」とは、「適切な天然記念物の保護管理体制の整備とあわせて、郷土学習や生涯学習のための施設整備を目指そうという事業」、つまり天然記念物を多くの人に見てもらうための施設を作る事業である。文化庁がまとめた文書を見ると、「自然保全型の地域振興方策として近時注目されている『エコツーリズム』に視点を据え(4)」とあり、エコツーリズムによる環境保護および地域活性化が目指されている。

このような考え方は、地域振興にエコツーリズムを導入する際によく見られるもので、とくに目新しいものではない。また地域振興として施設を建設するだけならば、「箱もの行政」として批判されている事業と大差ないだろう。しかし、南大東島の場合は事情が異なっていた。

南大東島における「天然記念物整備活用事業」の特徴は、計画の当初からエコツーリズム研究者が中心となったシンクタンクが深く関わっていた点である。このシンクタンクは、第4章で見た西表島をはじめとして、これまでも各地の観光開発、とくにエコツーリズム開発にたずさわってきた。コンサルタントが地方自治体の行政のプランニングに関わるのは珍しいことではないが、南大東島では、ほかの地域と異なり、プラン設計だけでなく、プランの実行にも深く関与している。またエコツーリズムの研究者が中心であるために、マス・ツーリズムの弊害を取りのぞき、「理想的」なエコツーリズムを実現するための方策にも重点が置かれていた。

南大東島の「天然記念物整備活用事業」を実現するための構想と具体案は、「島まるごとミュージアム構想」としてシンクタンクによって企画された。この構想案をもとに、研究者や関係者によって検討会が開かれ、島なりの「島まるごとミュージアム構想」（以下「構想」と記す）が練りあげられている。そのうえで開拓百年目にあたる二〇〇〇年、「構想」の中心施設「ビジターセンター（のち「島まるごと館」と改名）」が建設されたのである。

2-3　地域住民参加型の理念として

島のすべてが貴重で大切なものであり、島のすべてがミュージアムである。[5] そのことに島民が理解を深め、誇りをもち、さらに島を訪れる人たちに知らせていく、というのが「構想」の中心的な考え方である。ここからわかるように、ミュージアムの行動主体として島民が想定されている。

「構想」では、島に対して島民が関心を向けるように、「宝探し」という仕組みが導入されている。「宝探し」とは、自分の住む地域にある外に向かって誇れるものである「宝」を、自分たちで探していくことであり、その「宝探し」の過程で、住民たちが自分の住む地域への理解、関心を高め、郷土への愛着を深めることを目指すものである。[6]

中核施設である「島まるごと館（以降「館」）」は、「島内全域から地域住民の集まりやすい」島の中央に建てられた。ここでは、旧来の博物館のような展示物の収集、展示は行なわない。「島まるごとミュージアム」の展示品は、島中に点在している天然記念物をはじめとする「宝」によって構成されているからである。またその活動は、職員によってではなく、地域住民を中心としたボランティアによって行なわれる。

「館」は、島民にとっては集い、島のことを学ぶための拠点であるが、観光客にとっては島の概要をつかむための場所である。しかし、ここでは島を見て回るためのヒントと、島のさまざまな「情報」しか知ることができない。実物は、自分の興味にあわせて、島内の現場へと見に行くのである。ところが、島民の協力なくしては、それらを見ることはむずかしい。そこで、島民のボランティア・

地下鍾乳洞をガイドとともに行くエコツアー　南大東島の地下は大規模鍾乳洞となっている。

ガイドの力が発揮される。島民も観光客も島内で得た情報を「館」に持ち帰ることにより、「館」における島の情報はより充実する。「館」は、島民同士の交流の場であるだけでなく、島民と島外の人々との交流のための場としても設定されている。これは、「宝の保護と持続的な利用を両立するエコツーリズムを島に根付かせる[7]」という目標に向けての実践的な方法とされている。

「構想」では、まず住民が主体的に地域作りをすることが目指されており、そのうえでエコツーリズムが展開するとされている。住民による地域作りが重視されていることからわかるように、ここで想定される住民はその地域に住む大多数の住民であって、何らかの利害関心をもつ一部の人ではない。さらに「宝探し」や住民の集まれる場の設定など、多くの人が参加可能な仕掛けが作られている。この多様な住民を巻き込もうとする方針は、これまで批判されてきた地域社会を無視した外からのツーリズム開発ではなく、住民が住民のために行なう「自律的観光開発」（石森、二〇〇二）の発展の可能性がある。

このように、「構想」は、観光研究者が中心となり作り上げたため、ひとつの「理想的」な住民参加型の地域振興と、そこから広がるエコツーリズム実現への道を示している。では、その現状はどうなっているのかを第3節で見ていこう。

3 島の人々にとってのエコツーリズム

3－1 「島まるごとミュージアム」の現状

南大東島におけるエコツーリズムの中心となる施設は「島まるごと館」である。ここを中心に「島まるごとミュージアム」の現状を考えてみたい。

第一に「館」の運営状況を見ると、計画が始まったばかりであるとはいえ、予算、人手など、各方面で状況は厳しい。国の交付金によって、施設建設には補助が行なわれるが、その後の運営には予算はつかない。離島として財政難に苦しむ村が、かけられる予算は限られている。その結果として、現状では専属スタッフは一名のみであり、管理運営から、島内のデータの収集、整理、保存などすべて行なわねばならず、「館」が無人になることも多い。これらの状況は、その活動を限定的なものにし

島まるごと館

ているといえよう。

第二に、「館」を訪れる観光客の状況についてである。南大東島を訪れる観光客は年間三〇〇〇人から四〇〇〇〇人ほどであるが、そのうち「館」を訪れるのは、観光客の二割を占めるツアー客であり、個人で訪れる人は少ない[8]。その理由としては、「館」の所在地が、島への入り口である空港や港、島の活動の中心である住宅地や繁華街から離れた、島の真ん中に位置する旧空港跡地を再利用した場所にあるという交通の不便さや、島内に案内板などが整備されていないといった状況がある。「館」は、島の観光事業促進のための施設であるにもかかわらず、その役割を果たしているとはいいがたい。

最後に、「館」と島民との関わりを見ておこう。前述したように、「館」は観光客に島の情報を提供する場としてだけでなく、観光客と島民が、また島民同士が出会い、交流する場としても設定されていた。その意味で、島民と「館」との関わりは、「構想」を支える重要な部分となっている。

「館」を訪れる島の人は三種類に分けることができる。第一は役場関係者や青年会のメンバーであり、仕事や行事の打ち合わせにやってくる。第二は、月一度の会合や「館」のイベントへの参加者たちである。しかし、このような集まりは、「シロッパ屋根葺き講習会」といった伝統屋根の復元事業やコウモリの個体数調査など、特別な機会にかぎられ、日常的に行なわれているわけではない。また参加人数も一〇人に満たないことが多い。第三は夏休みや週末に遊びにくる近所の子供たちなど、自発的に「館」を訪れる島民である。しかし、これらの人たちは数人と少ない。そのため、大多数の島の人にとって「館」は身近な存在となってはいないのである。

現在、島ではこの「構想」や「館」の活動はどのように見られているのかについて、島でのインタビューから典型的なものをあげよう。

「なんかね、〔「館」の活動は〕わからないいんですよ。あんまり。ほんとにあんまり興味ないんですよ。いいんじゃないのーって。〔島が〕よくなればほんとにうれしいんですけど。それについて自分の考え、どうのこうのってないですね」（〔 〕内筆者）

彼女は、島の建築会社で働く二〇代の女性であり、青年会をはじめとする島の活動に積極的に参加している。ここでの彼女の語りは、島での「島まるごと館」の活動に対する典型的な感想であると思われる。島がよくなることは歓迎するが、「構想」の内容も、「館」の活動も「わからない」し「興味」がない。ほかにも、子供のための活動で、大人には関係がないといったイメージや、研究者が島のいろいろなことを調べていて、自分には関係がないといったイメージを抱いている人が多い。

「館」のスタッフ、役場職員、商工会など島内の「構想」の関係者たちからすれば、「構想」や「館」の活動は、村の広報や「館」の機関紙「コウモリ新聞」、島内放送を通じて、島民に伝えているということになっている。それにもかかわらず、広く関心がもたれていないことに対して、島在住の「構想」関係者である役場職員（五〇代、男性）は、「島のなかの人も意欲があれば自分で行くんですよ。でも意欲がないから、首に縄つけてというわけにもいかないですし」と語った。ここでは、島の自然が貴重だと意識しているのは少数派で、大多数の島民は島の自然を守っていくことに「意欲がない」と考えられている。またいっぽうで、時間をかけて進めていけば、少しずつ理解されるようになり、現状では「意欲がない」島民の参加も広がっていくだろうという見通しが、島内外を問わず「構想」関係者のなかでは広く共有されている。

しかし、ここで見てきたように、南大東島の「構想」に基づく取り組みは、現状では「館」の運営や観光客の誘致を含めて難航している。第2節でも述べたように、この「構想」の理念的なレベルでは、島民の参加自体がその発想の中心におかれていた。しかし、現実的には南大東島の島の人にとって身近な存在となりえているとはいいがたい。

この場合、関係者が考えているように問題を島民の側にあるとみて、「意欲のない」島民を排除、あるいは啓蒙していこうとすることにより、本来は考慮すべき問題を隠蔽してしまっているのではないだろうか。

3－2 「生活環境主義」とエコツーリズム

すでに見たように開発型のマス・ツーリズムへの批判として始まったエコツーリズムには、自然保護が大前提となっている。しかし、この自然保護の思想には、ある種のイデオロギーが含まれているのではないかとする疑問が呈されている。自然保護の思想は、全世界に普遍的なものではなく、近代欧米ロマン主義の自然崇拝から生まれたものだというのだ。

観光地理学者リチャード・バトラーは、オルタナティブ・ツーリズムが提唱されたときすでに、それは欧米エリートの発想から出たエリート・ツーリズムにすぎないと指摘している（Butler, 1992＝一九九六）。このイデオロギー性の指摘は、エコツーリズムの文脈でも、人類学や社会学などの分野からもなされている（橋本、一九九九など）。自然保護を重視するエコツーリズムは、欧米エリートの発想であって、地域住民の自然に対する態度とは異なるというのである。

この見方は、自然保護やエコツーリズムの「正当性」を相対化するうえでも重要であり、またエコツーリズムに、これらの研究で指摘されているイデオロギー的傾向があることは否めない。さらに本章のケースにおいても、「構想」が住民に受け入れられていない理由をエコツーリズムのイデオロギー性に求めて、批判していくことも可能であろう。

しかし、エコツーリズムのイデオロギー性を指摘し、批判するだけでは、現地の社会にとって生産

台風時の南大東島　波の高さから、その激しさがわかる。南大東島にかぎらず、台風が島の生活に与える影響は大きい。

的とはいえない。イデオロギーの問題として一般化してしまうことは、多様な地域社会を画一的にとらえる見方であり、現時点で生起している現地の人々の行為に目をふさぐことになってしまうからである。

ここで必要なのは、「構想」の関係者が考えるように、「意欲のない」島民の問題とするのでも、イデオロギーの問題としてエコツーリズム自体を否定するのでもなく、なぜ島の人がノン・コミットメントの立場をとるのかを、南大東島における「日常生活」の文脈から読みとることである。

それにあたって、ここでは地域の問題を考えるために、序章で見た「生活環境主義」の視点を参考としたい。「生活環境主義」は、自然保護を進める際、科学によってすべてを解決できると考える「近代技術主義」、あるいはそのままの自然を残すことを目指す「自然環境主義」といった発想とは異なる第三の自然保護の立場である。エコツーリズムの文脈でいうならば、世界的に有名なエコツーリズムの地であるガラパゴス諸島、第4章で見た西表や第5章で見た小笠原などの自然保護活動は、手つかずの貴重な自然をそのまま残す「自然環境主義」を至上命題としており、この発想は自然系の研究者の視点からなされている。これに対して「生活環境主義」は、「当該社会に居住する人びとの立場」（鳥越、一九九七、一一頁）に立つものであり、「生活者」の視点からの自然保護とされている。

すでに見たように、南大東島で現在実施されている「構想」は、これまでの地域住民を無視した観光開発の弊害を乗りこえるべく、住民重視の姿勢が強くうちだされている。この住民重視の方針には「生活環境主義」と重なりうる部分がある。「宝探し」は住民の視点からの保護対象の発見、ボランティア参加は住民の視点に立った保護活動を目指したものと見ることができる。

しかし「構想」は、南大東島の自然を研究対象として貴重だと考える研究者の視点から始まったこともあり、「自然環境主義」の側面も強くあわせもっている。このことは、「島まるごと館」が行なっている活動が、ダイトウオオコウモリや鳥類の生態調査、あるいは地底湖の地質調査など、島外の研究者の活動やスタッフによる調査協力が多くの部分を占めていることにも現れている。

「構想」の企画が強調している「住民参加」は、ひじょうに単純化してしまえば、貴重な自然を守るために住民が積極的に活動に参加することを意味しているといえるだろう。それならば、ここでいう「住民参加」とは、環境意識の高い特定の人の視点から見られるものであって、「生活環境主義」

のいうごくふつうに暮らす「生活者」の視点からではないということである。したがって、このような住民像からは島で暮らす人々の生活そのものは見えてこない。

以下では、「生活者」として暮らす人の視点から、島の生活と自然との関わりを見ることによって、島の人たちのノン・コミットメントの理由を検討していきたい。

4　南大東島における生活と自然

4-1　島の人々にとっての自然保護

「この島は出稼ぎの島なんですよ。今まではそういう環境に対する意識がないわけ。土地は使えるだけ使って」。役場で働く五〇代男性のことばだ。

自然保護活動に関して島の人に尋ねると、「この島は移民の島だから」、「出稼ぎの島だから」という説明がしばしばなされた。それまであった自然を開拓、つまり破壊して、サトウキビの島へと改造したのがこの島であり、現在の自然は残そうとする意識からではなく、開拓困難であったから残っているにすぎない。島の自然を守るよりも自分の生活のほうが、はるかに大切だというのである。この島民気質の自己分析は、島のなかで広く内在化しているようで、さまざまな場面で使用されている。また、この自己分析は、3-1で見た島民が「島まるごと館」の活動や島の自然保護に対して「意欲がない」ことの説明として使われることもある。

サトウキビ収穫の様子

「移民の島」だから自然を大切にする意識がないという説明は一見わかりやすい。しかし南大東島には、すでに数代にわたる生活の歴史がある。そこには、「移民」としての意識以上に、島で暮らしを営む「生活者」としての意識が存在している。

この「移民の島」という説明をそのままとらえるのではなく、ひとつのレトリックとして考えれば、島の外部から導入されたグローバルな言説に対する島民の「姿勢」をうかがい知ることができる。南大東島にも、当然のことながら自然保護を正しいとするグローバルな「理念」の潮流は伝わっており、それを無視することはむずかしい。しかし、日常生活のなかで、理念としての自然保護を受け入れることは容易ではない。この自然保護の理念をかわし、真正面からは取り合わない姿勢が、この「移民の島だから」という発言からは読み取れるのではないだろうか。たしかに、そうしたグローバルな自然に対する考えは正しいかもしれないが、自分たちにとっては別の世界の話であるという冷ややかな見方がここにあるのだ。

それでは、南大東島の生活のなかでの自然意識とは、どのようなものと見ることができるのだろうか。

4-2 島民にとっての自然

南大東島の島民が島内で貴重だと考えるものを知るために、参考となるアンケートがある。島民に対しては「村おこしにつながる観光資源」を、子供たちには「南大東島の自慢探し」を尋ねたアンケートである。このアンケートによれば、第一位には両者とも島で最も整備されている観光施設である「星野洞」という鍾乳洞があげられた。第二位には、島民は「堀込み式漁港」を、子供たちは「塩屋・海軍棒プール」を選んでいる。「構想」で「宝」とされているような島の特異な自然である「大池オヒルギ群落」や「海軍棒植物群落」の順位は低かった（南大東村商工会、二〇〇〇）。

南大東島では、その断崖絶壁に囲まれている地形的制約から、船を係留可能な港を作ることができず、人の出入り、荷の搬出入、船の係留、そのすべてにクレーンによる作業が必要である。そのため、波の強い日には何日も船の出入りができない。そこで、島自体を大規模に削った人工的な「堀込み式漁港」を建造した(9)。これにより積み荷の搬出入が容易になり、クレーンで上げられないために導入で

掘込み式漁港

海軍棒プール　もうひとつ塩屋プールもある。

きなかった大型船の係留が可能となった。

「塩屋・海軍棒プール」とは、島の海岸部を削り、人工的に浅瀬を作り、プールとしたものである。南大東島では、その地形から水深が深く、波も強いために、目の前に海があるにもかかわらず、大人でも海で泳ぐことは困難であった。そこで、子供たちでも海に親しめるようにと作られたのがこのプールである。

南大東島の歴史は、自然との闘いの歴史であった。島の歴史プロセスは、自然を人間の便宜のために作りかえ、利用可能なものとする「科学」への信頼と結びついていたのである。自然との闘いの歴史は現在もつづいている。島での生活はかならずしも快適なものではなく、海が荒れれば、何日も物資が途絶え、島の外に出ることもできない。また島内には危険な場所も多く、子供たちは自由に島のなかで遊ぶこともできない。南大東島における自然との「共存」とは、過酷な自然環境に対して積極的に働きかけ、生活の便宜のために改変していくプロセスにあった。自然とは保護するものとして生活の外にあるのではなく、利用するものとして生活の内部に存在している。「堀込み式の港」や「塩屋・海軍棒プール」を島の「宝」だとする意識は、それが島の不便な生活を少しでも緩和するものとして映るからであろう。

4-3　生活のなかにある自然保護

南大東島のなかにも、みずから島の自然をよくしていこうという動きが見られる。それらは個人的な活動で、大きな流れとなっているわけではないが、その事例を海と陸の両面からとりあげてみよう。

Aさん（四〇代、男性）は南北大東島で唯一のダイビングショップを経営している。Aさんは南大東島で生まれ育ち、多くの海に潜ってきたが、大東島の海が世界で一番すばらしいという。彼はつねづね、海のものを根こそぎ取るのはやめてほしいと話している。Aさんとともに以前ダイビングショップを経営していたことのある、サトウキビ農家のBさん（四〇代、男性）は「俺たち潜ったら、海のもの根こそぎ取っていたからな。根こそぎだよ」という。しかし、最近では海の魚介類が減っていることに気づき、考え方も変わってきたそうだ。「子供たちのために残していかないといけないから。こんなに魚がたくさんいるんだってのを」。そのために、海を守るための集まりを作ろうという話も出ているそうだ。

南大東島の海では、Bさんのいうような自己消費のための乱獲によって、魚介類が減っているといわれている。この減ってしまった海の資源を取り戻すためにも、海を守っていきたいとBさんはいうのである。AさんやBさんの発言からは、彼らの生活のなかにある自然をわずかでも改変していくことによって、積極的に現在の自然環境をよくしていきたいという保護の姿勢を読みとることができる。

Cさん（六〇代、男性）は、サトウキビ農家を営みながら、食堂を経営している。食堂では、自家栽培の無農薬野菜をできるだけ用い、島の食材を使った料理を提供するという方針をとっている。南大東島での生鮮食料品の多くは、島外からの輸送品であり、島内では自家消費する以外はあまり作られていない。昔はさまざまな野菜を作っていたそうだが、土壌の悪化から今は植えてもあまり育たないという。また、同じく土壌の悪化からサトウキビの単位面積当たりの収穫量も減少しており、農薬に頼らざるをえない状況にある。

この状況下、Cさんは、農薬を使用するよりも、「土づくり」を行なうことによって、サトウキビや野菜を作っている。「土づくり」をすることについて、島の人からは「そんなむずかしく考えるな。そんな難儀するなー」といわれることもあるそうだ。それでも、「自分の後輩、子供になにを残すか、ぼくは農業やってるからには、土地を残したい」と努力をつづけている。このCさんの姿勢に共感する人も少しずつだが増えつつある。

これらの活動は、従来の生活のなかにあった自然に対する関わり方を、ほんのわずかに修正していく活動にすぎない。そのほとんどは個人的な活動の範囲を出ておらず、大きな広がりをもったものではない。また彼らの活動は、「構想」が提示するグローバルな言説とさほど隔たりがないように見えるかもしれない。貴重な生態系を次世代のために残していくというグローバルな自然保護の考えからは、そう見えるであろう。

しかし、「生活者」としての視点からは、異なった側面が見えてくる。これらの活動の目的は、端的にいえば、魚介類の豊富な海や何でもよく育つ土地を取り戻すことであるが、それはつまり、保護のための保護ではなく、生活改善のための努力である。そして、このような行為の動機は、彼らの生活に直結した危機感にある。それは地球環境が悪化しているなどといった数値化されたデータからではなく、彼ら自身の自然と向き合った「日常生活」のなかから生まれてくる危機感である。ここで守

定期船への乗り込み風景　大型の定期船は港に入れないため、乗船のために人の入ったかごをクレーンでつるしている。

クレーンにつるされた人とヤギ　以前は小型船への乗船時にもクレーンが利用されていた。

ろうとしている自然は、あくまでも利用するものとして生活の内部に存在している。その自然は生活の利便性を高めるために自分たちの力で改変可能なものとしてある。

貴重な自然ではなく港やプールを島の「宝」と見ることと、島の自然を守ろうとすることは、まったく異なった自然への対応に見える。しかし、ここでとりあげた数人の島の人の取り組みを、自分たちの生活環境を改善していこうという行為としてとらえれば、生活の利便性のために作りあげた港やプールを重要だと見る視点の延長線上にあるといえるだろう。

5　生活に基づいたエコツーリズムへ向けて

「こっちに来て一年なり、二年なり住んで言ってくれるんならいいけど、ただデータだけ見てでは、島の人のこと考えてくれないと」。とある島の人（二〇代、男性）のことばだ。彼は仕事上、「構想」に関わっており、その内実を知っている。「あれは一方的というか、あれは観光につながらないですよ。反発も出てきますよ。間違いなく」。

このことばからは、島での生活という文脈を考慮することができないでいる「構想」への反発が読み取れる。グローバルな視点によって見られた島の自然からは、島での生活と自然との関わりは抜け落ちてしまう。そこで企図されたエコツーリズム開発は、外部の視点からなされたもので、島の視点から見られたものではない。

「構想」は、住民を無視した従来のマス・ツーリズムを乗りこえるために、住民が主体となるように計画されていた。しかし、その住民とは、自然保護活動へと積極的に参加する環境意識の高い人々、グローバルな自然保護の視点を共有できる人々が想定されている。そこには、そのままの「生活者」としての南大東島の人への配慮が欠けている。

これまで見てきたように、「生活者」としての南大東島の人々は、自分の生活の便宜を考え、島の自然を改善していく人々である。グローバルな自然保護という視点からは、自然保護の重要性よりも「港」や「プール」といった生活の利便性を追求する島の人の姿勢に、目が向けられることはない。このような日常感覚の延長線上にある実践は、企画されたグローバルな自然保護の取り組みの外側にあるものとして、単に「意欲のない」ものとして映るのである。そこでは、彼らに対してグローバルな自然保護の重要性を啓蒙していこうとする。4－3で言及した生活改善のための小さな自然保護活動でさえも、生活者としての視点は排除され、グローバルな自然保護の文脈から読みかえられてしまうだろう。しかし、生活者という視点から見れば、ここでとりあげたものはすべて同じ生活の利便性のための活動の現れなのである。このような島での生活実践への配慮がなされていないために、「構想」に対するノン・コミットメントという反応を引き出してしまっていると考えられるのである。

4－3で見た小さな自然保護も、島全体を巻き込むような動きとなっていないという点では、「構想」と同じように大多数の島の人々のものではないように見えるかもしれない。しかし、すでに見たように、これらの活動は生活に基づいた危機感や思いから生まれるものである。同じ場で生活するゆ

余興として太鼓をたたく人々　南大東島では、八丈太鼓が盛んである。

えに、生活実感として危機感を共有することができ、第4節で見たAさんに共感するBさんや、Cさんに共感する人々を巻き込み、広がっていく可能性を秘めている。

生活のなかの自然への対応は、それぞれ個別の生活の文脈に合わせて多様な現れ方をする。それは人によっても異なりうるし、同じ人のなかでも文脈によって、違った現れ方がありうる。既存のエコツーリズムにおけるグローバルな自然保護のように、なにかひとつのものに収束できるものではないのである。

生活に基づいたエコツーリズムの成立のためには、本章で見てきたような「生活者」としてのすがたに目をとめていく必要があるだろう。そこには、些末ではあるけれども、多様な実践が行なわれている。これら個別の実践へ目を向け、組み合わせの可能性を探っていくことが重要ではないだろうか。
現代社会が理念としての自然保護の潮流のなかにあることは否定できない。しかし、その流れのなかにあっても、自分たちのものとして確立した自然に対する行動は、グローバルな理念として生活の外にあるエコツーリズムを相対化する契機となりうる。この相対化をとおして、グローバルなエコツーリズムは、地域の生活にそったかたちで読み直され、変革されていく。生活に基づいた視点から読み直すという実践のなかで、これまでのグローバルゆえに画一的な視点からのエコツーリズムをこえた、新たなエコツーリズムが生まれてくる可能性があるのではないだろうか。

注

（1）本章は二〇〇三年八月より一〇月までの南大東島での調査に基づくものである。また、二〇〇六年二月および二〇一三年八月にも追加調査を行なっている。
（2）人口、世帯数、高齢化率、産業構造等の元データは、二〇一〇年国勢調査より。なお、調査当時の二〇〇五年国勢調査では人口一四四八人、世帯数六一四、六五歳以上高齢化率は二〇・七％、一五歳未満人口は一八・〇％と変化は少ない。
（3）二〇〇三年には三軒であったが、その後にコテージＫＩＲＡＫＵが開業している。
（4）南大東村提供資料の文化庁記念物課天然記念物部門『小さな島の大きな遺産と「天然記念物整備活用事業」』（一九九八、一頁）より。

（5）「島まるごとミュージアム」は南大東島版エコミュージアムとされている。エコミュージアムとは、当該地域の自然遺産、産業遺産を、その地域で生活してきた人と環境の関わりの遺産として、現地で保存、活用するものであり、その関わりの記憶をもつ地域住民が大きな役割を果たすものである（吉兼、二〇〇〇）。もちろんエコミュージアムとエコツーリズムはかならずしも合致するものではないが、地域住民が自然と「共存」している環境でのエコミュージアムは、住民参加型のエコツーリズムを含んだ地域づくりとたいへん近いと思われる。

（6）「宝探し」は、南大東島だけでなく、岩手県二戸市、徳島県三郷村などでも住民参加型の地域づくりとして行なわれている（たとえば真板、二〇〇二、真板・比田井・高梨、二〇一〇）。また「宝探し」の発案者である真板は、南大東島をはじめとした町づくり成果について自著において解説している（真板・比田井・高梨、二〇一〇）。

（7）南大東村提供資料の南大東村『天然記念物整備活用事業計画』（一九九八、一四頁）より。

（8）南大東村提供資料である『沖縄体験交流促進事業』（二〇〇三）によると、一九九九年から三年間の観光客数は、三〇九一名、三七四五名、三六六七名である。

（9）二〇〇三年当時は建設中であった。現在は完成し、島の生活に役立っている。

終章

1　日常生活から見ることの意味

それぞれの離島は、地理的、歴史的、社会的、さまざまな条件によって多様性をもっている。この多様性は、人々の日常生活の多様性となっても現れている。この島ごとに異なる生活のあり方に着目し、ここまでに四つの離島を見てきた。とくに、「ふつうの人々の日常生活」における自然との関わり、そこから生まれる自然観を見ることにより、離島ごとに異なって現れるエコツーリズムへの対応とその意味を考えてきたのである。

日常生活への着目は、既存への研究への批判精神が根底にある。第1章で見たように、実践的・政策的研究においては、エコツーリズムの「正しさ」に拘束されている。「役にたつ」研究であることの限界として、エコツーリズム自体を疑問視することができないのである。その結果として、「正しさ」を証明するための予定調和した「うつくしい物語」として現地社会を描いてしまうことになる。

同様なことは、観光人類学の研究にもいえる。エコツーリズムのもつ「権力性」に拘束されるため、対立的な状況が選び出される傾向がある。もっとも、この観光人類学にひそむ拘束性は、わたしも共有するものである。つまり、権力性があるものとエコツーリズムを批判的にとらえることに縛られ、現地社会で起きていることを曲解して見てしまう危険性を共有している。そこで描かれる社会は、「平板な二項対立モデル」として単純化されるために、現地社会のリアルな姿とは異なるものとなってしまう。

エコツーリズムの「正しさ」にしても「権力性」にしても、当該地域から出てきたものではなく、外部の論理である。外部の論理の証明のため、現地社会から必要な部分が切り取られ、地域社会の一部のみが提示される。出発点となるのは、なによりも現地社会、本書では対象となる離島である。そのうえで参考にしたのは、序章で見た「近代技術主義」や「自然環境主義」に対置される「生活環境主義」の立場であり、その包括的アプローチである。日常生活のなかに埋め込まれた自然との関わり、そこから生まれる自然観を明らかにすること、このことが出発点となる。そこで初めて、その離島におけるエコツーリズムの意味を考察できる。当該離島を出発点とした考察であり、生活に着目することの意味である。

本書であつかった四つの離島は、各章で見てきたように、それぞれに異なる生活条件をもっている。そのため、日常生活における自然との関わりも異なり、それに基づく自然観も異なっている。もちろん、グローバリゼーションによる世界の標準化・画一化の力とも無関係ではありえず、その影響を強く受けている。それは、自然との関わり、自然観にも影響を与えている。このグローバルな価値観を背景にもつエコツーリズムの各島での現れ、それに対する住民の対応とその意味は、これまで各章で見てきたとおりである。なお、隠岐諸島西ノ島では、エコツーリズムが行なわれていなかったため、観光全般の考察にとどまっている。

最終章となる本章では、これまでの考察をもとに、流れの都合上、本文で見ることのできなかったことも加えながら、四つの離島の比較からエコツーリズムの意味を考察する。つづく第2節では、第2章で作ったタイポロジーにそって、離島の日常生活という点から比較することにより、その共通点と相違点から四つの離島の特質を明確化する。そのうえで、第3節では、エコツーリズムの対応とその意味を比較する。このことにより、グローバルなエコツーリズムの現代社会にとっての意味を考えていく。

2 日常生活から見る離島の比較

まずは、第2章で見たタイポロジーを確認しておく。タイポロジーの軸となるものは、「離島性」と「観光依存度」の二つの指標の高低である。「離島性」は、中心都市からの「隔絶性」と社会の「狭小性」からなる。本書において最も「隔絶性」の高い離島は、小笠原諸島父島であるが、その要する時間と運賃の面から、中心都市などの島外に出ることは日常生活レベルでは少ない。そのため、

図終－1　離島の四類型

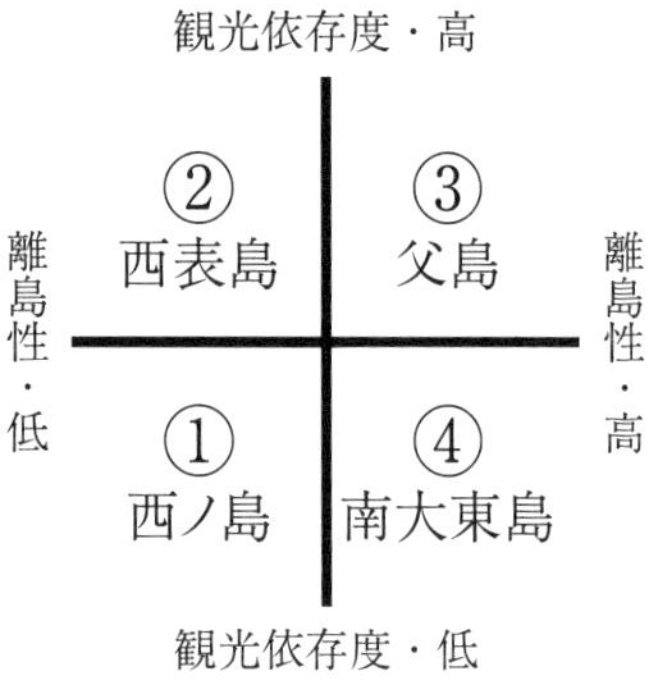

日常的な活動や交流は島内に限定され、社会は島内だけで完結した「狭小」なものとなっている。本書では、このような離島を「離島性」の高いものと定義し、そのラインを日帰りが可能であるかに設定した。

ついで「観光依存度」であるが、その離島の経済がどの程度観光産業に依存しているかによる高低を示したものである。その際には、観光客数のみの指標ではなく、就業構造も考慮に入れて判断している。観光形態によって、必要とされる雇用数も変化してくるからである。たとえば通過型の団体旅行であれば、雇用効果は薄い。当然のことだが、観光産業従事者が多いということは、その地域の経済にとっての重要度が高いことを示している。

この二つの指標をクロスさせることにより、四つの類型を導き出し、タイポロジーを作成した。それぞれの類型は図終－1のとおりである。確認しておくと、第一類型は島根県隠岐諸島西ノ島、第二類型は沖縄県八重山諸島西表島、第三類型は東京都小笠原諸島父島、第四類型は沖縄県大東諸島南大東島である。なお、類型の順番には大きな意味はなく、入れ替え可能であるため、本書であつかう順番につけたものにすぎない。

2-1 離島性からみるシマの精神

第2章で見たように、海に囲まれた「隔絶性」ゆえに、離島での日常生活は島内で完結している。日常生活のレベルでは、島外に出ることは少なく、日々の生活も人づきあいも島内だけで行なわれているということである。また、「狭小性」のひとつである人口規模も小さいため、顔の見える関係ができやすい。そのため、離島全体として、ひとつの凝集性の高い共同体としての性質が成立しやすい。伝統的な村落共同体に似たものであり、ここではそれを「シマ社会」と呼んでおく。さらに、共同体のなかから生まれる島民に共通して見られる精神を、序章で見たように「シマの精神」としておく。このシマの精神のひとつの表れとして、それぞれの離島に特有の自然観もある。以下では、このシマ社会とシマの精神から各離島の特徴を見ることにより、その多様性を明確化していく。

「離島性」の高い南大東島では、全体でひとつの伝統村落に近いシマ社会が成立している。エーサーや豊年祭などの祭行事、小学校の運動会などの行事は島全体で行なわれ、また青年会などの地域組織も島全体として組織されている。島内は在所、南などいくつかの区に分かれているが、そのまとまりよりも、全体としてのまとまりが強い。

歴史的要因から考えると、南大東島は開拓された島であり、製糖会社により経営されてきたということが考えられる。ムラに相当するものは、はじめから存在していなかったのである。そのため、シマとしての共同性が強くなった。また、サトウキビ産業だけのモノカルチャー経済による職業上のつながりも指摘できる。くわえて、若い人が多いこともあり、青年会活動が活発であり、そこでのつながりも島をひとつのものとしている。沖縄の人を表す島人（シマンチュ）をもじった大東人（ダイトンチュ）という造語もあり、南大東島にアイデンティティを感じている人は多い。

いっぽうで、父島は都会的な島であり、シマ社会といえる共同体は存在しないように思える。むしろムラのような伝統的社会の拘束性が存在しないことが父島社会の魅力であり、それゆえに移住者が暮らしやすい社会となっている。しかし、父島で人々に接していると、共通した父島らしさというものが感じられる。それは伝統的村落にあるものとは異質の共通性である。小笠原の海が好きだという共通性、「田舎」に特有の人間関係にしばられることのない父島の社会が心地よいという自由を愛する共通性、都会からの移住者であることの共通性が、ある種の共同性を作り上げていると考えられる。また、活発なサークル活動による交流は、この共同性を強化するものとなっている。そこから生まれるシマ社会であり、シマの精神である。これは、伝統的なムラの精神とは異質なものとしてある。

そのいっぽう、「離島性」の低い西表島からは、島全体としてのシマ社会といったものは弱くしか感じられない。この要因としては、「離島性」の低さにくわえ、集落組織が健在であることが考えられる。生活組織は集落ごとに構成され、祭などの行事も集落ごとに行なわれており、西表島全体としてのものではない。このことは南大東島や父島と、大きく異なる点である。また、島の面積も関係しており、集落ごとの距離は離れている。そのため、商店や郵便局などの集まる中心地は点在しており、また地域をまとめる小中学校も島内に複数ある。中心地も小中学校も一つである南大東島や父島と異なる点である。西表島の日常生活は集落のなか、もしくは近くとの集落との関係のなかで成立している。

本書で西表島全体ではなく、上原地区を中心としたのは、上記のことが要因としてある。日常生活から見るうえで、西表全体でとらえてしまうと、かえって島のすがたが見えなくなると思われたからである。上原地区の概要については第4章ですでに見たが、戦後の開拓移民によって作られたいくつかの集落からなり、近年の移住者も多い地区である。また、これらの集落は比較的近い距離にあり、日常的な交流も盛んである。上原地区でも、集団移民によって作られた住吉のように行事などをとおした交流が盛んで、まとまりのある地域もあるが、多くの集落では行事も少なく、地域に対する義務は少ない。このことは父島に共通するものであり、それゆえに移住者も多く集まっている。「合衆国」と呼ばれるように多様性が高いため、上原地区で感じられるシマの精神は弱いものである。

西ノ島もいくつかの伝統集落からなる島である。しかし、過疎化、高齢化のため集落の機能は弱まっている。祭は盛大に行なわれるが、島外に住む出身者の役割が大きい。むしろ西ノ島で調査をしていて感じたのは、隠岐としてのアイデンティティをもっているということである。ほかの離島と異なり、罪人といっても天皇などの貴人が流された島であること、それゆえに文化環境が高いことに誇りを感じているのである。いっぽうで、第3章で見たように、観光開発における島後への対抗意識、島前のほかの二島との比較から生じる漁業の島、漁師らしい性格という島民の自己規定も存在している。隠岐諸島のほかの島との関係性のなかで、西ノ島としての共同性が構成されているのである。

ここまで、「離島性」の高さゆえに生まれるシマ社会に関して、その構成要因および強度などを見てきた。ただ、そのシマの精神に関しては漠然としたものであるため、明示することは困難である。そこで、本書では、日常生活のなかでの自然との関わり、そこから生まれる自然観をひとつの現れとして見てきた。以下では、開発と自然保護という点から、各離島で見てきたことを比較しながら、見直していきたい。

2-2 開発と自然保護

離島性の高い二つの離島は無人島であったという共通点がある。その高すぎる「隔絶性」ゆえに、近代になるまで人が住む生活圏になりえなかったのである。産業革命による船舶動力の変化が、この二つの離島を生活圏へとかえた。さらに、どちらの島も八丈島の島民によって開拓されたという共通点ももつ。なかでも南大東島は、会社経営によるサトウキビモノカルチャーの島へと開拓されていったことに特徴がある。

この南大東島の開拓は、戦後の機械化によって、さらに推し進められることとなった。南大東島の平らな地形は大型機械の導入に好条件であり、大型機械導入のための土地改良が広く行なわれている。南大東島は開発とは無縁ではなく、サトウキビ栽培のために島の土地は開発されつくされているのである(1)。たしかに島は自然にあふれているが、それは近代技術によって作られたサトウキビ畑としてである。その自然は「自然環境主義」の視点からの自然とは異なっている。このことが南大東島の自然観を形成してきたわけだが、それは自分たちの生活のために、自然を改変できるという自然観であり、守りたい自然は生活にとって有用な自然なのである。

事例では見てこなかったが、西ノ島でも南大東島と同じように、利用可能な土地は開発されつくされてきた。それは過去に行なわれていた牧畑制度から見て取れる。牧畑は、島をいくつかに分け、畑作と牛の放牧などを順繰りに行なうものである。同じ場所で作物を作りつづけると連作障害により収量が低下するため、休耕し地力の回復を待たなければならない。しかし、せまい離島のなかでは休耕させるほど土地の余剰がないため、放牧地として地力を回復させてきた。これは伝統的に行なわれてきた生活上の知恵である。牧畑に頼らなければならないことからわかるように、すべての開拓可能な土地は利用しつくされていたのである(2)。

西ノ島の伝統的な土地利用と南大東島の近代的な土地利用は、近代的技術によって可能となった機械化および大規模化という点で異なるようにも見える。しかし、生きていくために、よりよい生活をするために、自然に関わるという点では大きな差はない。どちらも自分たちの生活のために、自然を利用しつくすものであり、自然保護は長期的利用のためにある。貧しさを緩和するために多くの人々が民宿経営に参加した西ノ島の人々の自然観は、南大東島と同じく、利用するための自然としてあった。南大東島との違いは、近代化の力が牧畑で維持しなければならないほど狭小な陸ではなく、広大な海へ向き、漁業の近代化、大規模化へと向けられたことにある。

西表島、とくに本書の対象とした戦後の移民地区も、近代技術によって開発可能になった。悪性マラリアに対処できるようになって初めて、広く開発可能になったということである。移民集落の農業の中心は、伝統的な稲作ではなく、パイナップルをはじめとした果樹栽培やサトウキビ栽培、さらに牧畜といった近代のモノカルチャー農業である。南大東島と同じように、機械化、大規模化を進めれれば、生活が豊かになる可能性があった。しかし土地利用は制限されてきた。国立公園は、西ノ島にとっては観光客を誘致するものとしてあったが、西表島では自然保護のためであり、開拓を阻害するものとなったのである。このことが自然保護に対する不信感を形成してきたことは第4章で見てきたとおりである。

この自然保護のための開発の制限という点では、西表島と父島では共通点が見られる。しかし、見てきたように、その自然観は大きく異なる。審美的対象、レジャーの対象として見る父島の自然観は、利用するものと見る自然観とは大きく異なっている。生態学に基づく自然保護とも異なるのだが、人の手の入らない自然を守るという点では親和性が高いのである。たしかに、父島にも飛行場建設推進派と反対派の対立があり、それは今でもつづいている。しかし、第5章で見てきたように、開発による利用ではない自然観がそこにはある。

2-3 観光依存度と移住者

自然保護のため開発制限された二つの離島は、どちらも観光依存度の高い離島でもある。イリオモテヤマネコゆえに、西表島は広く名前が知られてきた。また、日本自然保護協会による空港建設反対運動により、多少は小笠原の名が知られるようになった。貴重な自然の存在、その自然を守るための自然保護活動、これらがメディアをとおして広められることにより、知名度があがり、観光客の増加へとつながることもある。貴重な生態系などが世界的に認められて登録される世界自然遺産は、国立公園に変わり、現在の「観光客誘致の葵の御紋」となっている。

この自然保護による農業などの開発制限は、島の人々の観光産業への参入を促す。西ノ島では、貧しさから副業としての民宿経営を多くの人が行なった。地形的条件から耕作可能な土地が少なく、漁業も大規模化の前は零細であったため、それだけでは生活していくことが困難だったからである。西表島や父島でも、農業など別の仕事をしながら副業として民宿を経営したところが多くあった。開発制限のせいもあり、農業だけでは生活が苦しかったからである。その後、西ノ島とは異なり、この両島では観光客は増加していった。そのため、専業化、さらには規模の拡大も見られ、とくに規模の大きな宿泊施設には後継者がいることが多い。

またこの両島には、宿泊施設の労働力を雇いやすいという共通点が見られる。西ノ島の事例で見たように、宿泊業は長時間の肉体労働であり、体力のある若いうちはよいが、年をとってくるときついものである。また人を雇おうにも、高い給料を出すことは経営的に難しく、季節性の高さもあるため常勤職としては雇えない。そのため、西ノ島では近所の主婦が忙しい時期だけパートとして雇われている。それに対して西表島や父島では、長期滞在したい若者が多くいるため、これらの人々を雇うことができる。雇われるほうにしても、とりあえずは島に居つづけることが目的であるため、給料が安くても、住む場所が確保されるバイトは都合がよいのである。

観光客の増加とともに、宿泊業のみならず、飲食店やガイド業などの関連産業でも雇用が増加する。もっとも、宿泊業と同様に低待遇の仕事が多いため、いつまでもつづけることは厳しい仕事である。そのため長期滞在希望者の存在は、雇う側として都合がよい。観光客数の増加と長期滞在希望者の増加は、その観光地の条件にもよるが、相関する傾向が見られる。そこに滞在するための一時的な仕事と思えば、雇われる側としても都合がよいのである。さらに、この長期滞在者のなかからは、ほかの安定した仕事を見つける、独立して商売を始めるなどして、移住する人も出てくる。観光依存度の高さは移住者の増加を招くのである。

この移住者の増加は、さらなる移住者の増加を生み出す。父島のように移住者が多数を占める離島では、シマ社会は移住者の影響によって変化していき、シマの精神にも移住者の影響が強く現れる。このシマ社会は、新たに移住する人にとっても居心地のよい場所なのである。それゆえに、さらなる移住者が呼びこまれるのである。同様のことは、西表島でも見られる。移住者は、上原地区などの移住者の多い集落に住みたがり、行事やつきあいの多い集落を避ける傾向がある。古くからある集落に住む移住者は、ほかの集落に住む人から「よく住んでられるね」といわれることもあるという。はたからは、行事やつきあいが面倒くさそうに見えるというのである。

また、第4章で見た松村などの指摘のように、西表島では島出身者と島外出身者を区別する意識が強くある。松村の考察は、この島民意識をもとにしたものである。もっともこのことは、南大東島をはじめとして沖縄では広く見られるものであり、より正しくいうならば、ウチナーンチュとナイチャーもしくはヤマトゥンチュを区別する意識としてある。沖縄の人と、それ以外の日本人を区別する意識である。当然のこと新参者である内地からの移住者は弱い立場にあるため、もとからいた人々に合わせなければならない。この点も、移住者の多い地区に住みたがる傾向の原因としてある。

見てきたように、観光依存度の高さは移住者の増加を招きやすい。さらに移住者の増加は、シマの社会やシマの精神を変えていく要因となる。もちろん、ライフスタイルの変化、グローバルな価値観からの影響も変化の大きな要因としてある。しかし、移住者の増加により、それが加速させることもありうる。そこでの自然観は、歴史的条件のなかで作られた自然観に別の視点が重なり、混ざり合ったものとして更新されていく。それはグローバルな価値観に収束していくものではなく、それぞれの離島における日常生活の条件に合わせ更新されていくものなのである。

3 グローバルなエコツーリズムとローカルな離島

3-1 グローバルなエコツーリズム

多様な離島のなかで、グローバルなエコツーリズムは標準化・画一化の力として働いている。ひとつの「正しい」価値観へと収束させ、多様な価値観の存在を抑圧する暴力的な権力性である。(3) エコツーリズムの生起するローカルな現場では、自然保護思想と観光開発思想という二重のグローバルな思想として現れる。生態学にもとづく「正しい」自然保護であり、住民参加による「正しい」観光開発である。

自然保護思想は、近代西欧の価値観をもとに、アメリカ合衆国で生まれたローカルな価値観であった。それは、生態学などの科学知識に基づくものであり、人の手が加わらない原生自然がよいとし、利用のための保全というよりも、自然そのものに価値があるとする保存の側面が強いという特徴をもつ。「生活環境主義」との対比でいえば「自然環境主義」に基づく自然観である。この科学的に「正しい」自然保護思想は、否定することのむずかしいものとしてグローバルに広がっている。

しかし、環境倫理学者の桑子敏雄が指摘するように、グローバルであることはユニバーサル、普遍的であることを意味しない。ある時点で世界中に妥当するものにすぎず、いつどこにでも妥当する普遍的な原理ではないのである（桑子、一九九九）。にもかかわらず自然保護思想は、あたかもユニバーサルな「正しさ」、いつ、どこの、誰にとっても妥当する「正しさ」をもつものであるかのように、ローカルな場に現れる。しかもこの「正しさ」は、ローカルな場の生活条件を見ることなく、圧倒的な力関係のなか、中心から周縁へと押しつけられていく。そこでは、生活の必要に基づいた「いわゆる自然破壊」は非難の対象、啓蒙の対象でしかない。

エコツーリズムがもつ開発思想にしても、同様にグローバルな「正しさ」として、ローカルな場に現れる。地域社会への貢献、住民参加、住民の主体性、内発的発展といった開発思想は、いまやグローバルに広がっているものである。途上国であろうと、日本の町村であろうと、エコツーリズム開発計画には、これらの同じような文言が並んでいる。マス・ツーリズムとしての外部資本による観光開発は、地域の自然環境や社会環境にマイナスの影響を与える。その弊害を乗りこえるものとしてのエコツーリズムには、「地域社会のため」、「地域社会から」という発想が強くある。

この開発思想も、自然保護思想と同様に、否定することのできない「正しさ」を備えている。これまで搾取されていた地域社会のためになるもの、地域社会が「望むもの」としてあるからである。この開発思想を体現した事例が成功例として紹介され、その実現手法がマニュアル化されていく。だが、ここに見られるのは、開発手法のグローバル化であり、標準化・画一化が進められるのである。そこでは、地域ごとのローカルな多様性は見過ごされている。この点に関して以下では、これまで見てきた各離島の状況を比較することにより、グローバルなエコツーリズムの意味について考えていく。

3-2 ローカルな離島から見るグローバルなエコツーリズム

第6章で見たように、南大東島では、「島まるごとミュージアム構想」として、住民参加型のエコミュージアムが計画的に導入された。そこでは、住民参加の仕組みとして「宝探し」があり、地域住民がボランティアとして自主的に組織運営に参加することが想定されていたのである。見たように南大東島はシマ社会のまとまりがつよいため、島全体を巻き込むものとなる可能性もあったのかもしれない。構想を自分たちと関わりのあるものととらえ、広く興味をもたれたならば、そうなった可能性もある。

しかし、自然観も自然保護に対する意識もグローバルなものとは異なっていた。南大東島の人々にとって、自然とは自分たちの生活のために改変可能なものとしてある。そこでは、「いわゆる自然破壊」である開発と、生活のための自然保護のあいだに差異はない。どちらもよりよい生活環境を求めて行なわれるものだからである。そのため、「自然環境主義」が発想の根底にある「島まるごとミユージアム構想」は、自分たちとは関係のないものととらえられ、関わらないという選択がなされた。住民参加の仕組みは作られていたが、外部からの理念の押しつけであり、島での日常生活から出たものではなかったため、必要とされることもなく、ノン・コミットメントへとつながったのである。

第2章および第4章で見たように、似たような住民参加型のエコツーリズム計画は、その導入時に「自然体験活動推進方策検討調査」として西表島でも行なわれている。そもそも計画の導入以前から、カヌーによる川遊びや伝統文化を守る活動は行なわれていた。カヌーによる川遊びはレジャーとしてのものであり、そこでの自然観は父島に近いものとしてあった。また、伝統文化を守る活動は、祖納を中心とした自分たちの生活環境を守るものとして見ることができる。このふたつの活動は当事者も自然観も異なり、たがいに無関係なものとしてあった。また、関わる人も限定的であり、島全体としての活動でもない。しかし、どちらも活動の当事者からしてみれば、その日常生活のなかから出てきたものであり、その意味で主体的な活動である。

この出自の異なるものが、「自然体験活動推進方策検討調査」により、同じエコツーリズムということばと制度により、まとめられることとなった。その際に行なわれたのが、エコツーリズムとしての価値付与であり、グローバルな価値観への標準化・画一化である。さらに、多様な集落の存在を無視して、西表島をひとつのものとして単純化する視点も指摘できる。これらのものは、島内の日常生活の場から出てきたものではなく、外部から持ち込まれたものとしてある。この外部から持ち込まれたもの、自然保護に関わるという点から島の人々の反応を見たのが第4章である。イリオモテヤマネコの存在ゆえに注目を浴び、活発な自然保護活動が行なわれ、島の人々は翻弄されてきた歴史が西表島にはある。それゆえに、自分たちとは関係のないものとして「距離感」を示している。さらに、島外のナイチャーが島で勝手にという感覚も指摘できよう。

西表島のエコツーリズムに関しては、第2章では導入手法の問題性や計画の不備を指摘する先行研究を、第4章では移住者によるカヌー・ツアーのオーバー・ユースの問題を指摘する先行研究を見てきた。たしかに、これらの問題は島内で容易に聞くことができるものである。とくに導入に関わった人々や、カヌー・ツアーに関わる人々からは、はげしい批判を聞くこともある。これらの指摘は、ひとつの真実として島内で聞くことができるものである。また、これらの指摘は、よりよいやり方への改良と結びつくものとして有益であろう。しかしながら、導入研究者や移住者の問題と単純化することにより、見えなくなることもあるようにも思われる。個人の問題に還元することにより、エコツーリズムにひそむ構造的な権力性に目を閉ざしてしまう危険性をもつということである[4]。

南大東島と西表島の事例からわかることは、住民参加、住民の主体性、内発的発展といったグローバルな開発思想を計画的に導入することの構造的な問題、その不可能性である。これらの事例からは、グローバルな自然観は、島の人々の自然観と異なるために、自分と関わりのないものと感じてしまうという共通性が見られる。また、西表島の事例のように日常生活のなかから出てきた活動であっても、それがグローバルなエコツーリズムとして制度化されることにより、島の人々の生活感覚から離れてしまうこともある。それゆえに、参加することもなく、ましてや主体的でも、内発的でもありえないのである。

さらにいうならば、参加はともかくとして、主体性や内発性は計画によって作れるものではなく、結果としてしかありえないという原理的な問題も指摘できよう(5)。エコツーリズムとして計画的に統合される前の自生的な活動であれば、主体性や内発性をもったものといえるであろう。しかし、計画されるということ自体が、外部のグローバルな価値観の導入であり、標準化・画一化させるものである。計画的導入の際に島の人々との対話のような形をとったとしても、その「正しさ」ゆえに、「正しさ」を啓蒙するものとなってしまう。そこでは、南大東島の自然観のように生活環境改善の開発は間違ったものであり啓蒙の対象とされる。また、西表島のように伝統文化は過去の一部の自然観であっても、現在の島全体へ適応可能なものへと拡大解釈されてしまうのである。

父島のホエール・ウォッチングやドルフィン・スイム、シーカヤックといったものは、自生的に出てきたものである。西表島のカヌー同様に、自分たちが楽しむレジャーとしてあった。このレジャーとしての活動の延長線上に、ビジネスとしてのエコツアーがある。自分たちも楽しむものであるため、資源保護のための自主ルールは受け入れやすいものであった。自然は開発の対象ではなく、その美しさを楽しむ対象としてあるからである。それが東京都版エコツーリズムという「正しさ」に制度化されていった。ここでは自然観にしても、守りたい自然にしても異なっているのだが、その間に矛盾は少ない。

もちろん、父島でもグローバルなエコツーリズムをそのまま受け入れているわけではない。エコツーリズムの理念自体は「正しい」ものであるので変わらないが、それが自分たちの自然観を否定するわけでも、生活を阻害するものでなければ、共存可能なものとしてある。島の人々からして見れば、グローバルなエコツーリズムの理念はそれとして、それまでと同じことをつづけているにすぎないからである。(6)

このレジャーとしての活動は、西表島と父島で共通するものであるが、島の人々の参加者の割合に違いがある。父島では多くの人々が楽しむものであるのに対して、西表島では一部の人の楽しみとしてあったということである。西表島ではビジネスとしてエコツーリズムという言葉を利用する人もいれば、距離をおく人もいる。そこに分裂が発生している。

見てきたように、それぞれの離島の人々は、自分たちの生活に応じて、関わらないということを含め、さまざまな対応をしている。エコツーリズムのグローバルな価値観は否定できないが、その啓蒙による権力性を受け流しながら、自分たちの生活のなかでの必要性に応じて反応しているのである。もちろん、この反応は第1章で見た松田と古川のいう「構造的弱者の創造性」としてでしかない。それは、エコツーリズムを自分たち自身のものとして、自由に解釈し、改変できるものではなく、自分たちの「生活世界の充実のために便宜的に選びとられる」ものでしかないのである（松田・古川、二〇〇三)。ローカルなエコツーリズムの場である離島において、どのような反応をしたとしても、グローバルなエコツーリズム自体は変化することはないということである。

しかも、適切に計画され、適切に組織化されるほど、その「正しさ」は強化され、標準化・画一化へと向かっていく。そこにある自然観は、人間を排除した自然であり、人間と関わる自然にしても、過去の生活へと時間が止められたものでしかない。もっとも、そのすがたこそが、観光のアトラクションとして機能し、観光客を惹きつけることも事実である。「正しい」エコツーリストが求めるものもまた、グローバルなエコツーリズムであるからである。

島の人々にできることは、生活の必要性に応じて、関わらない、商売としてのことばの利用などの選択をすることだけである。グローバルなエコツーリズムの理念を変えることはできず、変える必要もない。もちろん、そのままグローバルなエコツーリズムを受け入れることもない。自分たちにとっての意味をずらして、逃れていくのである。そのあり方から見えてくるのがシマ社会であり、シマの精神なのである。

結びにかえて

観光旅行はわたしの性にあわない。プライベートで観光旅行したいとも思うことは少ない。おいしいものを食べるのは好きであるし、温泉に入るのも好きだが、どこかを見て回ったり、ツアーに参加したりすることは、どうしてもというほどではない。あまり興味がないのである。研究の必要から調査地で観光をするが、楽しいというよりも、どこか居心地の悪さを感じる。観光する人の気持ちは理解できても、共有できないのである。

観光現象に興味をもったのは、マラウィのチェンベ村でのことだ。しばらくチェンベ村に滞在していたが、そこはマラウィ湖に面したビーチ沿いの村であり、たいして観光客が来るわけではないが、地元の若者たちにとっては重要な現金収入の機会となっていた。その若者たちとの交流をとおして、観光という視点からチェンベ村が見えるような気がしたのである。グローバルな観光現象をとおして、ローカルな社会を見る視点はこのときの経験が出発点となった。なお、このチェンベ村の滞在の機会を作ってくれたのは、当時は琵琶湖博物館に所属していた嘉田由紀子先生である。また、そのころから松田素二先生に師事している。生活環境主義の立場に立つのは必然であった。その後、隠岐から始まり、日本で離島における観光研究を行なうようになったのは序章に書いたとおりである。

このチェンベ村滞在以降、観光研究を行なってきたが、観光旅行を行なうことと同様に、観光開発や観光産業には興味がなかった。観光は、あくまでも現地社会を見るための手段でしかないからである。その手段は、祭礼といった伝統的なものでも、漁業や農業などの産業でも、医療といった現代的なものでも、何でもよかったのであろう。離島を研究するようになったことと同様に、観光を研究するようになったのも偶然である。

観光研究を行なっていて困るのは、観光開発や観光産業の研究を行なっていると思われることである。第1章で見たように、そのような研究が多数派であり、役に立つ学問が求められる現在、その傾向は強くなっている。社会学者や人類学者でも、その方向に近づく人もいるのであろうが、わたしの場合は、むしろ反発に向かっていった。それらの学問からは、役に立つという拘束性からか、「正しさ」の啓蒙にむかい、あまりにも批判精神というものが感じられなかったからだ。

わたしにとってではあるが、地域を調査するということは自分の研究のためでしかなく、「地域のため」という考えがあってはならないと思っている。そこにひそむ啓蒙性、わたしが考える「正しさ」の押しつけに暴力的な権力性を感じるからである。もちろん、調査先として世話になった離島の人々に、少しでも役に立てば、それは喜ばしいことである。しかし、それは離島の人々が考えるきっかけとしてでしかなく、役に立つかどうかは結果論にすぎない。

くわえて、批判精神をもつこと、役に立つ研究への反発から見えてくるものもあるかと思える。それが本書で見てきたものである。もちろん、研究の不十分さからくる誤り、強引かつ過剰な意味づけもあるかと思う。「ライティング・カルチャー・ショック」によって明らかになったように、民族誌には客観的真実など存在せず、主観的な「部分的真実」しかないのである。それは、文芸作品と同じく「創作」にしかすぎない。さらに、他者を一方的に解釈する暴力的な権力性がそこにはある（Clifford and Marcus, 1986＝一九九六）。その点からすると、あくまでも本書は四つの離島を題材とした、ひとつの解釈、ひとつの創作にすぎない。既存の研究の拘束性を批判してきたが、同様にわたしも拘束性から逃れてはいないのである。

なによりも、わたしの解釈には暴力的な権力性が不可避なものとして含まれていることが問題であろう。一方的に各離島におけるエコツーリズムなどの意味を解釈しているということである。いかに離島の日常生活からといっても、その解釈をするのはわたしであり、この問題から逃れるすべもないのである。ただ、そのこと自体を受けとめて、関わりつづけることしかできないように思える。それで解決できる問題でもないであろうが、一度関わったからには、関わりつづけることしか思いつかないのである。そのことによって、見えてくることもあろう。

今後は、見てきた離島の変化を追っていく。エコツーリズムをはじめとしたグローバルな現象や価値観の影響による変化、移住など人々の移動による変化、自然との関わりの変化による自然観の変化。これらの変化の影響を受けてかわっていくものが、シマ社会であり、シマの精神である。観光現象にこだわる必要もないため、別の側面から日常生活を見ていくことも有効であろう。この離島の変化の影響を受け、さらに自身への批判をとおして、わたしも変化していけるだろうか。本書は終わりのない道のりの出発としての中間報告なのである。

注

(1) 離島全体の耕地化率は一一・七%であるが、南大東島の耕地化率は六〇・一%とひじょうに高い。第2章の表2-2「調査地ごとの統計データ表」に各離島の耕地化率を示してある。

（2）現在、牧畑は行なわれておらず、跡地は牛馬の放牧地として利用されている。

（3）権力性の考察については、第1章で見た観光人類学の文献にくわえ、とくに松田（二〇〇九）から強い示唆を受けた。

（4）もちろん、第2章で見た研究がすべて構造的な権力性を見ていないわけではない。

（5）この内発性の問題については、秋津・中田（二〇〇三）を参照。

（6）しかし、その後は世界自然遺産登録により、グローバルな自然観がより明確になり、矛盾が広がりつつある。この点は古村（二〇一四）において概観している。

あとがき

初めて隠岐諸島西ノ島を訪れたのは、二〇〇一年八月である。同年九月に起きたアメリカでの同時多発テロは、西ノ島の旅館での仕事を終えたあと、自室のテレビで知った。はやいもので、一五年も経とうとしている。その後、序章で見たように四つの離島に行くこととなり、そこで学んだことをもとにして二〇〇九年に大阪大学大学院人間科学研究科に博士学位論文を提出した。本書は、この博士学位論文「離島エコツーリズムの社会学――『生活』の視点から」を改稿したものである。また、出版にあたっては所属機関から助成を受けており、「宇都宮大学国際学部　国際学叢書」の一冊となっている。

博士論文を書きおえてから本にするまでに、六年かかってしまった。初めに持ちこんだ出版社は、とある先生に紹介してもらったのだが、「数字データが中心ですぐに古くなる」、「生活というが生活が見えない」と出版を断ってきた。なにか的はずれな気もしたが、同時にそんなひどい作品で、まともに読まれることもないのかと情けなく思えたことを憶えている。その後、いくつかの出版社に見てもらったが、なぜ出版する気になったのか、その答えを得ることはできなかった。

それでも、ようやく出版できることとなった。内容に興味を示してくださり、こころよく出版を受け入れてくれた吉田書店の代表吉田真也様には、たいへん感謝している。とともに、あまりにも仕事が遅すぎ、ずさんなために、迷惑をかけてばかりであったことをお詫びしたい。多少でも読めるものとなっているのは、吉田様の丁寧な仕事のおかげである。

なお、本書に関わる研究調査は以下の研究助成金に支えられている。二〇〇三年の南大東島調査では「沖縄体験交流促進事業」として南大東村に資金援助していただいた。二〇〇六年の西表島および南大東島調査では大学院GP「平成一七年度大阪大学人間科学研究科　大学院学生フィールドワーク支援基金」からの助成を得ている。また、二〇〇八年の西表島調査では、研究協力者として「科学研究費補助金　基盤研究（A）（課題番号：18251005）『社会的弱者の自立と観光のグローバライゼーションに関する地域比較研究』（研究代表：江口信清）」による助成を受けて調査を行なった。さらに、二〇一一年から二〇一四年にかけては、「科学研究費補助金　基盤研究（C）（課題番号：10547003）『世界遺産地域におけるエコツーリズムの比較研究』（研究代表：古村学）」による助成を受け、西表島、小笠原諸島、南大東島での調査をした。

また本書に収めた論文のうち、すでに発表したものの初出タイトル等は以下のとおりである。

第1章

「観光研究と社会――東アフリカを中心として」『年報人間科学』二八、二〇〇七年

「エコツーリズム研究」江口信清・藤巻正己編『観光研究レファレンスデータベース　日本編』ナ

カニシヤ出版、二〇一一年

第4章

「エコツーリズムと自然保護――八重山諸島西表島を事例として」江口信清・藤巻正己編『貧困の超克とツーリズム』明石書店、二〇一〇年

第5章

「地域生活から見たエコツーリズムと自然――小笠原諸島父島を事例として」松田素二編『水界と森界の変容と創造に関する比較環境人類学的研究（課題番号18320140）――科学研究費補助金（基盤研究（B））平成一八 - 二〇年　研究成果中間報告書』、二〇〇七年

第6章

「南大東島におけるエコツーリズムと地域生活――住民の視点から」『ソシオロジ』五〇（三）、二〇〇六年

本書を書き上げるうえでは、現地調査においても、その後の文章にまとめる際にも多くの人々のお世話になった。わたし一人の力では、この本の一部でも書き上げることはできなかったであろう。ありがたいことであり、感謝している。とくに調査先の方は、話を聞かせてくださったり、作業を手伝わせていただいたりと温かく迎え入れてくださった。なにも得るものもないにもかかわらず、わたしのために貴重な時間を与えてくださったのである。受けとってばかりで、なにも返すことができず、

ほんとうに申し訳なく思える。

島根県隠岐諸島西ノ島における調査では、住み込みアルバイトとして調査の機会を与えてくださった隠岐シーサイドホテル鶴丸経営者の竹谷家の皆様、なにかと気を使ってくださったパートのおばさんたちに、なによりも感謝の意を伝えたい。焼火神社の松浦道仁神主からは、観光に関わるものを含めて多くのことを教えていただいた。さらに、西ノ島町役場、民宿の方をはじめとした西ノ島町の皆様、加えて中ノ島、知夫里島でも、当時海士町観光協会職員であった村上隆様をはじめとした多くの方に世話になった。この西ノ島での出会いがなければ、離島をテーマとしたこの本が書かれることはなかったのである。

二〇〇三年の夏に調査を開始した沖縄県大東諸島南大東島であるが、奥山建設の奥山満則社長には、住む場所を提供していただいただけでなく、なにからなにまで世話になった。島まるごと館の当時の東和明副館長は、生意気ざかりであったわたしに、とことん付きあってくださった。当時の会長であった具志堅忠弘会長（南大東村役場）をはじめとした青年会の方には、「ナウィ」というアダナをいただき、あらゆる活動に誘っていただいた。調査を超えて、島で生活することの意味、日常生活から見ることの意味を理解することができたのも、多くの南大東島の皆様のおかげである。この南大東島での調査のきっかけを作ってくださったのは真板昭夫先生（京都嵯峨芸術大学）である。

東京都小笠原諸島父島では、二〇〇五年の春から調査をしている。トレッキング・ガイドにして鍼灸師の松原邦雄様には、公私にわたり付きあっていただいた。当時の鯰江満元商工会会長（現小笠原村議員）、当時は小笠原ホエール・ウォッチング協会に所属していた一木重夫様（現小笠原村議員）をはじめとして、小笠原村役場などの公的機関、小笠原自然文化研究所などの研究機関の方々には、調査に協力していただき、たいへん世話になった。ほかにも、ゲートボールに加えてくださった島の方、南洋踊りなどのサークル活動の方、島の人々との交流のなかで多くのことを学ばしていただいた。小笠原の生活の中で、人々が移動しつづける社会の意味を考えることができたのである。坂部創造性教室の坂部正登様からは、小笠原行きを誘っていただき、調査のきっかけを作っていただいた。

沖縄県八重山諸島西表島では、二〇〇六年二月より世話になっている。ガイドの村田行様をはじめとした多くの島の皆様のおかげで、島のいろいろなところへ行くことができ、多くのことを学ぶことができた。常宿としている、あけぼの館の津嘉山浩美様からは、なにかと教えていただくことも多く、多くの人を紹介してもらった。ほかにも、西表島エコツーリズム協会、石垣島の町役場や観光協会の方々など、多くの方からの協力がなければ、調査をすることはできなかったであろう。日本におけるエコツーリズムの先進地域、自然保護の先進地域として、本書において西表島は欠かせないものであった。

わたしの調査では、わざわざ貴重な時間を割いていただき聞かせてもらった話はもちろんとして、日常生活のなかでのありふれた出来事、さまざまな作業活動、そのなかでの会話などからも多くのことを学んできた。直接調査に協力してくださった方、島で出会ったすべての人に心からの感謝を申しあげたい。皆様との出会いがなければ、本書はありえなかったのである。また、本書は離島に即したものであるため、触れることができなかったが、同時期に調査に協力していただいた三重県熊野市、北海道羅臼町の皆様をはじめとして、これまでフィールド先で出会ったすべての人にも、心よりの礼を伝えたい。わたしが少しは成長できたのは、これらのフィールドでの出会いがあったからである。

調査地をはなれ、文章としてまとめ上げるなかでも、指導してくださった先生方、共に学んできた先輩や後輩、研究会などで出会った方々、そのほかにも多くの人々のおかげで本書をまとめ上げることができた。こころからの感謝を申しあげたい。

大阪大学大学院の指導教員であった山中浩司先生には、入学以前から長いこと指導をしていただいた。研究への心構え、研究のやり方など、先生のもとで学ぶことができなければ、研究者になることはできなかったであろう。不肖の弟子であるにもかかわらず、長いこと見守ってくださり、感謝のことばすらない。また、本書のもととなる博士論文の副査をしてくださった厚東洋輔先生（現大阪大学名誉教授）および川端亮先生をはじめとして、有益な指導をしてくださった大阪大学人間科学研究科の先生方にお礼を申し上げたい。山中先生に紹介いただいた神戸国際大学の前田武彦先生からは、観光研究の指導、観光研究者への人脈づくりの点でお世話になった。前田先生の紹介でオブザーバー参加した国立民族学博物館の共同研究「自立的観光の総合的研究」などでは、最新の観光研究の成果に触れるとともに、同博物館の石森秀三先生（北海道大学を経て、北海道開拓記念館）をはじめとした多くの先生方から有益な指導をいただいた。

観光研究において最大の影響を受けたのは、立命館大学の江口信清先生である。江口先生のもとで学びたく思い、とあるシンポジウムにおいて、その旨を伝えた。唐突かつ不躾なお願いにもかかわらず、こころよく主催する「貧困の文化と観光」研究会へ招待してくださった。この研究会は今でも名前を変えつづいており、わたしにとって、最も重要な研究会となっている。ここに所属させていただいたことにより、調査費用、研究成果の発表の場などの便宜にとどまらず、多くのことを学ぶことができた。この研究会なくしては、本書は別のものなっていただろう。大手前大学の村瀬智先生、立命館大学の藤巻正己先生をはじめとした研究会の諸先生、先輩後輩のメンバー、ゲストとしてこられた先生方からは、刺激をえるとともに、多くのことを学んできた。

終章でも見たように、わたしの対象社会の日常生活から見る研究はマラウィから始まっている。このマラウィに滞在する機会を作ってくださったのは、当時は琵琶湖博物館に所属していた嘉田由紀子先生（滋賀県知事を経て、びわこ成蹊スポーツ大学）である。わたしのフィールド・ワークの出発点であり、このときの滞在がなければ、フィールド・ワーカーにならなかったのかもしれない。いまは、研究においても、教育においても、徹底的にフィールド・ワークを重視している。ゼミの学生たちは、わたしよりも数段すぐれたフィールド・ワーカーとなって卒業していく。

この教育する側からの経験は、京都大学と関西学院大学を中心とした合同調査実習「プロジェクト熊野」に実習補助として参加させていただいたことが大きい。その時のデータを本書で直接使っているわけではないが、ただ自分で調査を行なうだけでなく、学生たちに行なわせることのなかで学んだことは、フィールド・ワークを深めるために有益であった。この実習に関わる寺口瑞生先生（千里金襴大学）、古川彰先生（関西学院大学）、松田素二先生（京都大学）をはじめとした先生方、京都大学の教育・研究補佐である松井和子様、ともに実習補助をおこなった先輩や後輩たち、ともに学んだ学生たち、なによりも調査実習に協力してくださった熊野の皆様、これらの人々に感謝の気持ちを伝えたい。とくに松田先生からは、公私にわたり気を使っていただき、多くのことを学んできた。また、本書のもととなった博士論文において有益な指導を多数いただいた。

これら多くの人々のおかげで、本書を成立させることができた。受けとってきたものに対して、ふさわしいものとなっているのか、そのことが不安ではあるのだが。くりかえしになるが、フィールド先の皆様、先生方、先輩や後輩、学生たち、関わってきたすべての人に感謝の意を伝えたい。

最後に、共著といってよいほど手を入れてくださった晶子さん、ありがとう。マラウィに行く前から共に暮らしてきた愛猫ぷく、ありがとう。

ぷくの思い出に本書を捧げる。

二〇一五年二月

古村　学

著者紹介

古村 学（こむら・まなぶ）

宇都宮大学国際学部 講師

大阪大学大学院人間科学研究科修了、博士（人間科学）。大阪大学大学院人間科学研究科助教を経て、2010年より宇都宮大学国際学部に勤務。主な研究領域は、村落社会学、知識社会学、社会人間学。

主要著作等に、「日本の離島における観光——自然観光からエコツーリズムへ」（藤巻正己・江口信清編『グローバル化とアジアの観光——他者理解の旅へ』ナカニシヤ出版、2009年）、「ケニアにおける観光——サファリ・ツアーとビーチ・リゾート」（松田素二・津田みわ編『エリア・スタディーズ　ケニアを知るための55章』明石書店、2012年）、宇都宮大学国際学部古村研究室編『地域社会論Ⅰ実習調査報告書　地域から未来を見つめる』（宇都宮大学国際学部古村研究室、2012～2015年）。

離島エコツーリズムの社会学

隠岐・西表・小笠原・南大東の日常生活から

宇都宮大学国際学部 国際学叢書 第7巻

2015年3月31日　初版第1刷発行

著　者　古村　学

発行者　吉田真也

発行所　合同会社 吉田書店

102-0072　東京都千代田区飯田橋2-9-6 東西館ビル本館32

Tel：03-6272-9172　Fax：03-6272-9173

http://www.yoshidapublishing.com/

装丁　折原カズヒロ

DTP　アベル社

印刷・製本　シナノ書籍印刷

定価はカバーに表示してあります。

ISBN978-4-905497-31-8

参考文献

愛知和男・盛山正仁編，2008,『エコツーリズム推進法の解説』ぎょうせい。

秋津元輝，2009,「集落の再生に向けて――村落研究からの提案」秋津元輝編『集落再生――農山村・離島の実情と対策（年報村落研究45)』農山漁村文化協会，199-235。

秋津元輝・中田英樹，2003,「開発の功罪――発展と保全の相克」古川彰・松田素二編『シリーズ環境社会学４　観光と環境の社会学』新曜社，188-210。

Anderson, D. and Grove, R., 1987, “The Scramble for Eden: Past, Present and Future in African Conservation,” Anderson, D. and Grove, R. eds. *Conservation in Africa: People, Polices and Practice*, Cambridge: Cambridge University Press, 1-12.

安渓遊地編，2007,『西表島の農耕文化――海上の道の発見』法政大学出版局。

有川美紀子・宇津孝編，2003,『小笠原自然観察ガイド』山と渓谷社。

足羽洋保編，1994,『新・観光学概論』ミネルヴァ書房。

Beeton, S., 1998, *Ecotourism: A Practical Guide for Rural Communities*, Collingwood, Australia: Landinks Press.（＝2002, 小林英俊訳『エコツーリズム教本――先進国オーストラリアに学ぶ実践ガイド』平凡社。）

Berger, D.J., 1996, “The Challenge of Integrating Maasai Tradition with Tourism,” Prince, M.F. and Smith, V.L. eds. *People and Tourism in Fragile Environments*, Chichester: John Wiley & Sons, 175-197.

ぼにんぼいす，2000,『Megatera　小笠原ホエールウォッチング協会設立10周年記念特別号』小笠原ホエールウォッチング協会。

Boorstin, D.J., 1962, *The image: or, What happened to the American dream*, New York: Atheneum.（＝1964, 星野郁美・後藤和彦訳『幻影（イメジ）の時代――マスコミが製造する事実』東京創元社。）

文化庁記念物課天然記念物部門，1998,『小さな島の大きな遺産と「天然記念物整備活用事業」 その効果的展開のために』。

Butler, R.W., 1992, “Alternative Tourism: The Thin End of the Wedge”

Smith, V.L. and Eadington W.R. eds., *Tourism Alternatives: Potentials and Problems in the Development of Tourism*, Philadelphia: University of Pennsylvania Press, 31-46.（=1996，安村克已訳「新たな観光のあり方——実は重大な意味をもつ問題」安村克巳ほか訳『新たな観光のあり方——観光の発展の将来性と問題点』青山社，36-54。）

Clifford, J., 1988, *The Predicament of Culture: Twentieth-Century Ethnography, Literature, and Art*, Cambridge: Harvard University Press.（=2003，太田好信ほか訳『文化の窮状——二十世紀の民族誌、文学、芸術』人文書院。）

Clifford, J. and Marcus, G.E. eds., 1986, *Writing Culture: The Poetics and Politics of Ethnography*, Berkeley: University of California Press.（=1996，春日直樹ほか訳『文化を書く』紀伊國屋書店。）

Cohen, E., 1984, "The Sociology of Tourism: Approaches, Issues, and Findings," *Annual Review of Sociology* 10: 373-392.

Cohen, E., 1988, "Authenticity and Commoditization in Tourism," *Annals of Tourism Research* 15: 371-386.

Cunningham, P.A., 2003, "Profiling Lodging Owners and Managers on Chichijima: Attitudes Towards Ecotourism in the (Bonin) Ogasawara Islands",『小笠原研究』29: 151-172。

de Kadt, E. ed., 1979, *Tourism: Passport to Development?: Perspectives on the Social and Cultural Effects of Tourism in Developing Countries*. New York: Oxford University Press.

江口信清，1994，「エコ・ツーリズムとツーリズムのエコロジー——ベリーズの事例から」『立命館地理学』6：1-12。

江口信清，1998，『観光と権力——カリブ海地域社会の観光現象』多賀出版。

江口信清，2011，「観光の文化人類学研究」，江口信清・藤巻正己編『観光研究レファレンスデータベース　日本編』ナカニシヤ出版，62-70。

エコツーリズム推進協議会，1999，『エコツーリズムの世紀へ』エコツーリズム推進協議会。

Foucault, M., 1963, *Naissance de la Clinique: Une archéologie du regard médical*, Presses Universitaires de France.（=1969，神谷美恵子訳『臨床医学の誕生』みすず書房。）

古川彰，2004，『村の生活環境史（関西学院大学研究叢書106）』世界思想

社。

古川彰・松田素二，2003，「観光という選択――観光・環境・地域おこし」古川彰・松田素二編『シリーズ環境社会学４　観光と環境の社会学』新曜社，1-30。

古川彰・松田素二編，2003，『シリーズ環境社会学４　観光と環境の社会学』新曜社。

Graburn, N.H.H., 1977, "Tourism: The Sacred Journey," Smith, V.L. ed. *Hosts and Guests: The Anthropology of Tourism*, Philadelphia: University of Pennsylvania Press, 17-32.

Greenwood, D.J., 1977, "Culture by the Pound: An Anthropological Perspective on Tourism as Cultural Commoditization," Smith, V.L. ed. *Hosts and Guests: The Anthropology of Tourism*, Philadelphia: University of Pennsylvania Press, 129-138.

橋本和也，1999，『観光人類学の戦略――文化の売り方・売られ方』世界思想社。

橋本和也，2003，「観光開発と文化研究」橋本和也・佐藤幸男編『観光開発と文化――南からの問いかけ』世界思想社，54-82。

Hobsbawm, E. and Ranger, T. eds., 1983, *The Invention of Tradition*, Cambridge: Cambridge University Press.（＝1992，前川啓治ほか訳『創られた伝統』紀伊國屋書店。）

Honey, M. 2008, *Ecotourism and Sustainable Development: Who Owns Paradise?*, 2nd ed., Washington, DC: Island Press.

池田光穂，1996，「コスタリカのエコ・ツーリズム」青木保ほか編『岩波講座文化人類学７　移動の民族誌』岩波書店，61-93。

一木重夫，2002，「小笠原のエコツーリズム実現に向けて――ホエールウォッチング・インタープリター養成講座（勉強会）の取り組み」『観光文化』26（2）：6-9。

石原俊，2007，『近代日本と小笠原諸島――移動民の島々と帝国』平凡社。

石森秀三，1994，「島嶼国家と観光開発――オセアニアの事例を中心に」井上忠司ほか編『文化の地平――人類学からの挑戦』世界思想社，38-52。

石森秀三，2001，「内発的観光開発と自律的観光」石森秀三・西山徳明編『ヘリテージ・ツーリズムの総合的研究』国立民族学博物館調査報告21，5-20。

石森秀三編，1996，『二〇世紀における諸民族文化の伝統と変容３　観光

の二〇世紀』ドメス出版。

石森秀三・真板昭夫編，2001，『エコツーリズムの総合的研究』国立民族学博物館調査報告23。

嘉田由紀子，1995，『生活世界の環境学——琵琶湖からのメッセージ』農山漁村文化協会。

嘉田由紀子，2002，『環境社会学入門９　環境社会学』岩波書店。

海津ゆりえ，2005，「島おこしから始まった西表島のエコツーリズム」西表島裏内川流域研究会『西表島裏内川河口域の生物多様性と伝統的自然資源利用の総合調査報告書II』西表島裏内川流域研究会，92-100。

海津ゆりえ，2007，『日本エコツアー・ガイドブック』岩波書店。

海津ゆりえ・金坂留美子編，1994，『ヤマナ・カーラ・スナ・ピトゥ 西表島エコツーリズム・ガイドブック』自然環境研究センター。

海津ゆりえ・真板昭夫，1999，「What is Ecotourism」エコツーリズム推進協議会『エコツーリズムの世紀へ』エコツーリズム推進協議会，18-34。

海津ゆりえ・真板昭夫，2001，「西表島におけるエコツーリズムの発展過程の史的考察」石森秀三・真板昭夫編『エコツーリズムの総合的研究』国立民族学博物館調査報告23，211-239。

海津ゆりえ・真板昭夫，2004，「第二世代を迎えた日本型エコツーリズムの課題と展望に関する研究」，西山徳明編『文化遺産マネジメントとツーリズムの現状と課題』国立民族学博物館調査報告51，211-227。

郭南燕・ガバン・マコーマック編，2005，『小笠原諸島——アジア太平洋から見た環境文化』平凡社。

環境省・日本交通公社，2004，『エコツーリズム　さあ，はじめよう！』日本交通公社。

神崎宣武，1991，『物見遊山と日本人』講談社。

春日匠，2002，「語られざる歴史の島，小笠原の帰属と住民」ロング，ダニエル編『小笠原シリーズ１　小笠原学ことはじめ』南方新社，11-32。

河地貫一，［1965］1986，「離島地理学の方法と対象」河地貫一『地域と人間』長崎総合大学地域科学研究所紀要　地域論叢４（特集号），77-93。

河地貫一，［1968］1986，「離島地理学方法論」河地貫一『地域と人間』長

崎総合大学地域科学研究所紀要　地域論叢 4（特集号），185-196。

河地貫一，［1984］1986，「離島とその開発」河地貫一『地域と人間』長崎総合大学地域科学研究所紀要　地域論叢 4（特集号），123-129.

川窪広明，2007，「沖縄県・西表島のカヌーツアーについて」『大手前大学論集』8: 69-91。

菊地直樹，1999，「エコ・ツーリズムの分析視角に向けて——エコ・ツーリズムにおける『地域住民』と『自然』の検討を通して」『環境社会学研究』5: 136-151。

鬼頭秀一，1999，『自然保護を問いなおす——環境倫理とネットワーク』筑摩書房。

小林寛子，2002，『エコツーリズムってなに？——フレーザー島からはじまった挑戦』河出書房新社。

国土交通省総合政策局観光企画課，2005，「我が国の観光統計の整備に関する調査報告書」。(www.mlit.go.jp/common/000059346.pdf)

古村学，2003，「アフリカ・ツーリズム研究と地域社会——新たなツーリズム社会学に向けて」大阪大学人間科学研究科修士論文。

古村学，2006，「南大東島におけるエコツーリズムと地域生活——住民の視点から」『ソシオロジ』50（3）: 127-142。

古村学，2007a，「観光研究と社会——東アフリカを中心として」『年報人間科学』28: 1-18。

古村学，2007b，「地域生活から見たエコツーリズムと自然——小笠原諸島父島を事例として」松田素二編『水界と森界の変容と創造に関する比較環境人類学的研究（課題番号18320140）科学研究費補助金（基盤研究（B））平成18-20年研究成果中間報告書』29-49。

古村学，2009，「日本の離島における観光——自然観光からエコツーリズムへ」藤巻正己・江口信清編『グローバル化とアジアの観光——他者理解の旅へ』ナカニシヤ出版，18-32。

古村学，2010a，「エコツーリズムと自然保護——八重山諸島西表島を事例として」江口信清・藤巻正己編『貧困の超克とツーリズム』明石書店，43-68。

古村学，2010b，「グリーン・ツーリズム、エコツーリズム」環境総合年表編集委員会『環境総合年表——日本と世界』すいれん舎，272。

古村学，2011a，「エコツーリズム研究」江口信清・藤巻正己編『観光研究レファレンスデータベース　日本編』ナカニシヤ出版，82-93。

古村学，2011b，「ツーリズムの現在——離島の生活美学」『情報美学研

究』3：27-36。

古村学，2014，「人々の暮らしから見る世界自然遺産――知床と小笠原諸島を事例として」『観光学術学会　第3回大会発表要旨集』

小坂勝昭編，2002，『離島「隠岐」の社会変動と文化――学際的研究』御茶の水書房
桑子敏雄，1999，「環境思想と行動原理――グローバルとローカル」鬼頭秀一編『環境の豊かさをもとめて』昭和堂，54-75。

ロング，ダニエル編，2002，『小笠原シリーズ1　小笠原学ことはじめ』南方新社。

ロング，ダニエル，2003，「小笠原諸島における文化的エコツーリズムの課題」『小笠原研究年報』27: 105-114。

MacCannell, D.,［1976］1999, *The Tourist: A New Theory of the Leisure Class*, Berkeley: University of California Press.（＝2012，安村克己ほか訳『ザ・ツーリスト――高度近代社会の構造分析』学文社。）

前田勇編，1995，『現代観光総論』学文社。

真板昭夫，2002，「エコツーリズムの新しい展開」『地域開発』458: 31-36。

真板昭夫・比田井和子・高梨洋一郎，2010，『宝探しから持続可能な地域づくりへ――日本型エコツーリズムとはなにか』学芸出版社。

松田素二，2009，『日常人類学宣言！――生活世界の真相へ／から』世界思想社。

松田素二・古川彰，2003，「観光と環境の社会理論――新コミュナリズムへ」古川彰・松田素二編『シリーズ環境社会学4　観光と環境の社会学』新曜社，211-239。

松木一雅，1998，『長期滞在者のための小笠原観光ガイド――父島の昔と今』やまもぐら。

松村正治，2001，「八重山諸島におけるツーリズム研究のための基礎調査――竹富島・西表島・小浜島の人々と自然とのかかわりの変遷」『アジア・太平洋の環境・開発・文化』2: 140-202。

松村正治，2004，「開発と環境のジレンマ――八重山諸島の最適ツーリズム戦略」松井健編『島の生活世界と開発3　沖縄列島――シマの自然と伝統のゆくえ』東京大学出版会，71-100。

松野弘，2009，『環境思想とは何か――環境主義からエコロジズムへ』筑摩書房。

南大東村，1998，『天然記念物整備活用事業計画 小さな島の大きな遺産――南大東村「島まるごとミュージアム」(最終版)』。

南大東村，2003，『沖縄体験交流促進事業「小さな島の大きな遺産 南大東島まるごとミュージアム」基盤整備事業構想及び計画』。

南大東村商工会，2000，『観光と物産を柱にした新たな村おこしの展開事業報告書』。

南大東村村史編集委員会，1989，『南大東村史（改訂）』南大東村役場。

宮本常一，1960，『日本の離島 第1集』未來社。（再録：1969，『宮本常一著作集4 日本の離島 第1集』未來社。）

宮本常一，1966，『日本の離島 第2集』未來社。（再録：1970，『宮本常一著作集5 日本の離島 第2集』未來社。）

宮内久光，2001，「離島住民の中心都市における滞在可能時間の測定」『島嶼研究』2: 21-43。

宮内久光，2003，「沖縄県におけるエコツーリズムに関する基礎的研究」『人間科学』11: 83-121。

宮内久光，2004，「観光インパクトに対する島嶼住民の評価」『人間科学』14: 55-87。

宮内久光，2006，「日本の人文地理学における離島研究の系譜（1）」『人間科学』18: 57-92。

溝尾良隆編，2009，『観光学全集　第1巻　観光学の基礎』原書房。

森正人，2010，『昭和旅行誌——雑誌『旅』を読む』中央公論新社。

森岡正博，1999，「自然を保護することと人間を保護すること——『保全』と『保存』の四つの領域」鬼頭秀一編『講座 人間と環境　第12巻　環境の豊かさをもとめて——理念と運動』昭和堂，30-53。

森重昌之，2008，「エコツーリズムの誕生と広がり」敷田麻実編『地域からのエコツーリズム——観光・交流による持続可能な地域づくり』学芸出版社，29-62。

森田裕一，1999，「エコツアーを支える人たち——小笠原における取り組みと将来展望」『しま』45 (2): 41-49。

永井弘，1998，『戦後観光開発史』技報堂出版。

仲里効，2003，「〈内国〉植民地の誕生——大東島・開拓と植民のインターフェース」西成彦・原毅彦編『複数の沖縄——ディアスポラから希望へ』人文書院，77-106。

Nash, D., 1977, "Tourism as a Form of Imperialism," Smith, V.L. ed. *Hosts and Guests: The Anthropology of Tourism*, Philadelphia: University of Pennsylvania Press, 33-47.

日本交通公社，2003，『小笠原村自立振興策調査その2　業務基本調査』

東京都小笠原村。

日本交通公社，2004，『観光読本（第二版）』東洋経済新報社。

日本民族学会，2001，「特集 観光の人類学――再考と展望」『民族学研究』66(1)：49-121。

西ノ島町，1978，『運河のある町――隠岐西ノ島アルバム』西ノ島町。

西ノ島町，1995，『隠岐 西ノ島の今昔』西ノ島町。

にっぽん離島探検隊，2006，『ニッポン楽楽島めぐり　好きです！小笠原』双葉社。

沼田真，1994，『自然保護という思想』岩波書店。

越智正樹，2003，「農地開発を巡る紛争における『問題』解釈の分析――沖縄県西表島の土地改良事業を事例として」『村落社会研究』10 (1): 28-39。

小笠原エコツーリズム推進委員会，2004，『小笠原エコツーリズム推進マスタープラン――「持続可能な島づくり」を目指して』小笠原エコツーリズム推進委員会。

小笠原村産業観光課，2007，『History of Bonin Islands――小笠原歴史探訪ガイドブック』小笠原村産業観光課。

小方昌勝，2000，『国際観光とエコツーリズム』文理閣。

岡島成行，1990，『アメリカの環境保護運動』岩波書店。

岡本伸之編，2001，『観光学入門――ポスト・マス・ツーリズムの観光学』有斐閣。

隠岐汽船百周年記念事業室，1995，『隠岐汽船創立百周年記念誌 百年の航跡』隠岐汽船株式会社。

沖縄大学地域研究所，2002，「沖縄大学地域研究所2001年第２回研究会報告書 南北大東島の環境保全――‘島まるごとミュージアム’実現に向けて」『沖縄大学地域研究所所報』25: 1-89。

奥田夏樹，2007，「日本におけるエコツーリズムの現状と問題点――西表島におけるフィールド調査から」『地域研究』3: 83-116。

大塩俊介・池田寛二，1978，「小笠原父島社会の構造上の問題点――予備調査報告」『小笠原研究年報』2: 44-57。

太田好信，1993，「文化の客体化――観光をとおした文化とアイデンティティの創造」『民族学研究』57(4): 383-410。

太田好信，1996，「エコロジー意識の観光人類学――ベリーズのエコ・ツーリズムを中心に」石森秀三編『二〇世紀における諸民族文化の伝統と変容３　観光の二〇世紀』ドメス出版，207-222。

太田好信，1998，『トランスポジションの思想――文化人類学の再創造』世界思想社。

離島実態調査委員会，1966，『離島――その現況と対策』全国離島振興協議会。

離島振興30年史編纂委員会，1989，『離島振興三十年史――上巻・離島振興のあゆみ』全国離島振興協議会。

Ritzer, G., 1996, *The McDonaldization of Society*, California: Pine Forge Press.（＝1999，正岡寛司監訳『マクドナルド化する社会』早稲田大学出版部。）

Robertson, R., 1992, *Globalization: Social Theory and Global Culture*, London: Sage Publications.（＝1997，阿部美哉訳『グローバリゼーション――地球文化の社会理論』東京大学出版会。）

Said, E. W., 1978, *Orientalism*, New York: Georges Borchardt Inc.（＝1993，板垣雄三・杉田英明監修『オリエンタリズム　上・下』平凡社。）

坂本勲，1992，『観光の事始め』自費出版。

敷田麻実，1994，「エコツーリズムと日本の沿岸域におけるその可能性」『日本沿岸域会議論文集』6: 1-15。

敷田麻実編，2008，『地域からのエコツーリズム――観光・交流による持続可能な地域づくり』学芸出版社。

敷田麻実・森重昌之，2001，「観光の一形態としてのエコツーリズムとその特性」石森秀三・真板昭夫編『エコツーリズムの総合的研究』国立民族学博物館調査報告23，83-100。

敷田麻実・森重昌之，2008，「地域によるエコツーリズムのマネジメント」敷田麻実編『地域からのエコツーリズム―観光・交流による持続可能な地域づくり』学芸出版社，50-92。

島根県隠岐支庁，1998，『隠岐島観光促進事業 可能性調査報告書』。

下川裕治編，2000，『アジア楽園マニュアル 好きになっちゃった小笠原』双葉社。

下川裕治・ぷれすアルファ編，1999，『アジア楽園マニュアル　好きになっちゃった沖縄の離島――南国モードの島々ばっかり気まま旅』双葉社。

進藤敦丸，2004，「わが国の国内観光動向と観光政策」『観光学研究』3: 57-70。

塩路有子，2003，『英国カントリーサイドの民族誌――イングリッシュネスの創造と文化遺産』明石書店。

塩田正志・長谷政弘編，1994，『観光学』同文館出版。

白幡洋三郎，1996，『旅行ノススメ――昭和が生んだ庶民の「新文化」』中央公論社。

Smith, V.L., 1977, "Introduction," Smith, V.L. ed. *Hosts and Guests: The Anthropology of Tourism*, Philadelphia: University of Pennsylvania Press, 1-14.

Smith, V.L., ed., 1977, *Hosts and Guests: The Anthropology of Tourism*, Philadelphia: University of Pennsylvania Press.

Smith, V.L., and Eadington, W.R. eds. 1992, *Tourism Alternatives: Potentials and Problems in the Development of Tourism*, Philadelphia: University of Pennsylvania Press.（＝1996，安村克巳ほか訳『新たな観光のあり方――観光の発展の将来性と問題点』青山社。）

Stronza, A., 2001, "Anthropology of Tourism: Forging New Ground for Ecotourism and Other Alternatives", *Annual Reviews Anthropology*, 30: 261-283.

鈴木涼太郎，2005，「観光研究としての『観光人類学』の展望」『観光研究』17 (1): 19-28。

鈴木勇次，2005，「宮本常一氏のもう一つの離島振興観――一通の手紙に託す離島の公平性」『長崎ウエスレヤン大学現代社会学部紀要』3 (1): 1-8。

鈴木勇次，2006，「離島振興法の原点とその目標――離島振興対策実施地域の指定」『長崎ウエスレヤン大学現代社会学部紀要』4 (1): 61-67。

鈴木勇次，2007，「離島振興法の原点とその目標――離島振興対策実施地域の指定（その２）」『長崎ウエスレヤン大学現代社会学部紀要』5 (1): 5-12。

旅の文化研究所，2011，『旅と観光の年表』河出書房新社。

多田治，2004，『沖縄イメージの誕生――青い海のカルチュラル・スタディーズ』東洋経済新報社。

多田治，2008，『沖縄イメージを旅する――柳田國男から移住ブームまで』中央公論新社。

高田源清，1985，「離島振興制度の功罪（資料）」『中京法学』19 (4): 89-110。

高橋品子，2005a，「観光開発と環境保全をめぐる西表島の現状と研究動向」『学校教育学研究論集』11: 153-162。

高橋品子，2005b，「共同管理と世帯戦略に見る持続可能な観光開発――沖縄県西表島ヒナイ川水辺域のカヌー業の事例から」『文化人類学研究』6: 85-115。

竹富町史編集委員会，2003，『竹富町史・別巻3　写真集 ぱいぬしまじま――写真に見る竹富町の歩み』竹富町役場町史編集室。

竹富町商工観光課，2001，『竹富町域観光統計調査 調査報告書』竹富町。

竹富町役場商工観光課，2007，『西表島ルールブック――未来へ残すために』竹富町役場商工観光課。

田中喜一，1950，『観光事業論』観光事業研究会。

斗鬼正一，2002，「隠岐郡西ノ島町浦郷の観光地化」小坂勝昭編『離島「隠岐」の社会変動と文化』御茶の水書房，19-28。

富川盛武，2003，「エコツーリズムの地域へのインパクト――西表島の事例」『産業総合研究』11: 1-42。

Tomlinson, John, 1999, *Globalization and Culture*, Cambridge: Polity Press.（＝2000，片岡信訳『グローバリゼーション――文化帝国主義を超えて』青土社。）

鳥越皓之，1979，「離島の過疎問題と住民の対応」『桃山学院大学社会学論集』12 (2): 95-140。

鳥越皓之，1997，『環境社会学の理論と実践』有斐閣。

鳥越皓之，2004，『環境社会学――生活者の立場から考える』東京大学出版会。

鳥越皓之編，1989，『環境問題の社会理論――生活環境主義の立場から』御茶の水書房。

東京都環境局自然環境部緑環境課，2004，『エコツーリズム・サポート会議 提言集 東京から発信するエコツーリズムの理念』。

東京都産業労働局観光部振興課，2004，『エコツーリズムのための観光資源基礎調査報告書』。

Urry, John, 1990, *The Tourist Gaze: Leisure and Travel in Contemporary Societies*, London: Sage Publications.（＝1995，加太宏邦訳『観光のまなざし――現代社会におけるレジャーと旅行』法政大学出版局。）

Wallerstein, I., 1974, *The Modern World-System: Capitalist Agriculture and the Origins of the European World-Economy in the Sixteenth Century*, New York: Academic Press.（＝〔1981〕2006，川北稔訳『近代世界システムⅠ・Ⅱ――農業資本主義と「ヨーロッパ世界経

済」の成立』岩波書店。）

World Commission on Environment and Development, 1987, *Our Common Future*, New York, Oxford: Oxford University Press.（=1987，大来佐武郎監修，環境庁国際環境問題研究会訳『地球の未来を守るために』福武書店。）

山口遼子，2005，『小笠原クロニクル――国境の揺れた島』中央公論新社。

山下智菜美，2006，『ニッポン楽楽島めぐり　住んでびっくり！西表島――日本最後の秘境』双葉社。

山下晋司，1999，『バリ 観光人類学のレッスン』東京大学出版会。

柳田國男，1961，『海上の道』筑摩書房。（再録：1989，『柳田國男全集１』筑摩書房。）

安村克己，2001，『社会学で読み解く観光――新時代をつくる社会現象』学文社。

安村克己，2006，『観光まちづくりの力学――観光と地域の社会学的研究』学文社。

米山俊直，1969，『過疎社会』日本放送出版会。（再録：2006，『米山俊直の仕事　人、ひとにあう。――むらの未来と世界の未来』人文書館。）

吉田春生，2004，『エコツーリズムとマス・ツーリズム――現代観光の実像と課題』原書房。

吉兼秀夫，2000，「エコミュージアムと地域社会」石原照敏・吉兼秀夫・安福恵美子編『新しい観光と地域社会』古今書院，84-94。

吉見俊哉，2005，『万博幻想――戦後政治の呪縛』筑摩書房。

白書，年報，要覧など

国土交通省観光庁，『観光白書』各年版。

（http://www.mlit.go.jp/hakusyo/kankou-hakusyo/kankou-hakusyo_.html）

南大東村役場，『村政要覧』各年版。

（http://www.vill.minamidaito.okinawa.jp/youran.html）

日本観光振興協会，『数字でみる観光』各年版。

日本離島センター，『離島統計年報』各年版。

西ノ島町総務課，『西ノ島町町勢要覧』各年版。

（http://town.nishinoshima.shimane.jp/cho_tsuite/chosei/index.html）

小笠原村総務課，『小笠原村村政要覧』各年版。

沖縄県企画部地域・離島課,『離島関係資料』各年版。

(http://www.pref.okinawa.jp/site/kikaku/chiikirito/ritoshinko/ritoukankeisiryou.html)

沖縄県総務部八重山事務所,『八重山要覧』各年版。

(http://www.pref.okinawa.jp/site/somu/yaeyama/shinko/documents/yaeyamayouran/yaeyamayouran.html)

総務省統計局,『国勢調査』各年版。

(http://www.e-stat.go.jp/SG1/estat/GL02100104.do?tocd=00200521)

竹富町総務課,『竹富町勢要覧』各年版。

東京都小笠原支庁,『管内概要』各年版。

(http://www.soumu.metro.tokyo.jp/07ogasawara/guidance/summary.html)

※ウェブサイト上には近年のもののみ公表されている。過去のものは冊子体もしくは以前に閲覧保存したデータを利用した。
※白書や年報等の編集機関名は時期により変更があるが,最新のものを表記した。